U0460765

高科技者的麦

麻省理工学院

王子安◎主编

汕頭大學出版社

图书在版编目（C I P）数据

高科技者的麦加城——麻省理工学院 / 王子安主编
. -- 汕头 : 汕头大学出版社, 2012.4（2024.1重印）
ISBN 978-7-5658-0702-2

Ⅰ. ①高… Ⅱ. ①王… Ⅲ. ①麻省理工学院－概况
Ⅳ. ①G649.712.8

中国版本图书馆CIP数据核字(2012)第066414号

高科技者的麦加城——麻省理工学院

主　　编：王子安
责任编辑：胡开祥
责任技编：黄东生
封面设计：君阅天下
出版发行：汕头大学出版社
　　　　　广东省汕头市汕头大学内　邮编：515063
电　　话：0754-82904613
印　　刷：河北浩润印刷有限公司
开　　本：710mm×1000mm　1/16
印　　张：11
字　　数：80千字
版　　次：2012年4月第1版
印　　次：2024年1月第2次印刷
定　　价：50.00元
ISBN 978-7-5658-0702-2

版权所有，翻版必究
如发现印装质量问题，请与承印厂联系退换

目　录

麻省百味

院长风云

领航先锋

麻省巨人

中国骄傲

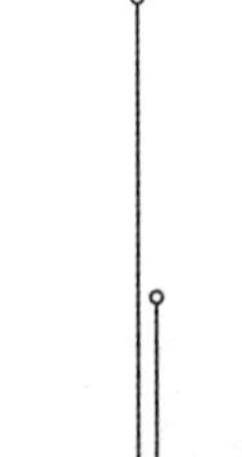

麻省百味

有志青年的“麦加圣地”

麻省理工学院，该校自身及国内外文献均简称其为 MIT，其位于美国东海岸的马萨诸塞州。在美国，马萨诸塞州的教育历来享有崇高声誉，其教育资源也许只有加利福尼亚州可以与之相匹敌。马萨诸塞州共有高等院校 117 所，其中 15 所具有博士学位授予权。而在这享誉全国的 15 所高校中，哈佛大学和麻省理工学院这两所可说是这批高校群体

美国麻省理工学院

中最引人注目的。坐落在坎布里奇的这两所著名学府，一所是综合性大

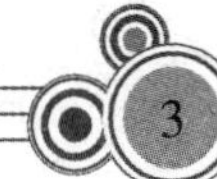

学中当之无愧的“旗舰”大学，另一所则是理工类大学中的佼佼者。它们像两颗明珠，照耀在波士顿的查尔斯河畔上。

麻省理工学院建于1861年，在1865年才招收第一批学生，距建校许可获批准刚好4年，期间正好遇上美国南北战争。创办人威廉·巴顿·罗杰斯是杰出的科学家，他洞察到美国已日渐工业化，极需相关人才。众所周知，自19世纪初起，美国开始进行产业革命，从欧洲先进资本主义国家引进新技术和新设备，使得美国工业得到了迅速发展。工业迅猛发展，尤其是大规模发展，需要大量的技术人才。麻省理工学院顺应当时这一经济发展对工程技术专家的急切需求，旨在培养这方面的人才。

创建之初，麻省理工学院的校址设在波士顿的后湾区，直至1916年，它才从原校址迁入现在的坎布里奇校址。

美国麻省理工学院

麻省理工学院沿着查尔斯河延伸，占地面积达135英亩。由于校园场地大，学校的所有服务设施，从体育运动场地到娱乐活动中心，从学生宿舍到自助餐厅，都设在校园内，整个校园如同一个社区，有相当浓厚的整体感。麻省理工学院是一所相当漂亮的学院，无论是从校园的建筑物来看，还是从校园的整个布局来看，麻省理工学院都是一个值得人们驻足欣赏一番的校园。环绕校园的查尔斯河，高大挺拔的参天古树，绿草丛中的各种花卉以及设计别致的教学楼群，使麻省理工学院看上去淡雅中不失现代气息，妖娆中不失严肃庄重。

麻省理工学院是美国培养高级科技人才和管理人才、从事科学与技术教育和研究的一所私立大学，也是美国最好的理工科大学，在理工科方面，它已经连续14年被评为全美第一，其学术声誉已被世界公认为与牛津、剑桥、哈佛等老牌大学齐名。麻省理工学院分5个学院，即建筑与设计学院、工程学院、人文艺术与社会科学学院、斯隆管理学院、科学学院，包含26个系，跨系和跨专业的科研和教学活动是麻省理工学院的特点之一。如同其校名，麻省理工学院注重于理工学科领域的教学和研究。早在创立之初，该学院的创始人和第一任院长罗杰斯就为麻省理工学院的发展定下了基调。罗杰斯先生本人是名自然科学家，对科学技术情有独钟，且

美国麻省理工学院校标

深知科技教育对国民经济发展的重要性。为此，罗杰斯先生还立三条办学原则：基础科学与应用科学并重；教学工作与科研活动相结合；学校教育与社会需要相联系。一百多年来，麻省理工学院虽几经变迁，但它在坚持上述办学宗旨和办学原则方面却始终未变，一以贯之，成功地把自己建设成一所蜚声世界的理工科高等学府。

麻省理工学院的校训是“既学会用脑，也学会动手”。它反映了该校创办者罗杰斯先生的教育思想，那就是推动教育与实际应用相结合。校训的英译是：“Mind and Hand”。

麻省理工学院的校标是一个圆形的图案。图中铁砧旁边的劳动者和手拿书本的学者象征着威廉·巴顿·罗杰斯和麻省理工学院其他创始人

麻省理工学院校园风光

在1860年所写成的《理工学院的办学目标和方案》一文中所提出的教

育哲学："为了商业利益，为了文化本身，也为了大众教育，真正的文化教育应该和工业研究很好地结合。"两人之间的台座下面用拉丁语写成的校训"Menset Manus"（既学会用脑，也学会动手）和台座上的三行字"科学与技术"也反映了麻省理工学院知识与实用科学相结合的观点。台座正面上的"1861"表示麻省理工学院在麻省州注册办学的年份。1864 年 12 月 26 日经校务委员会通过，麻省理工学院校标正式启用。

像所有美国其他著名大学一样，麻省理工学院也经历了诞生、成长和兴旺的发展过程。

1865 年 2 月 20 日正式开学时，麻省理工学院的第一批学生总共只有 15 名。凭着麻省开拓者们的执着奋进和锲而不舍的精神，麻省理工

麻省理工学院西蒙斯大厅

学院一步一步地向前发展。依靠教师们的满腔热情和奉献精神，麻省理

工学院逐渐成熟，不断完善。随着学生人数的增多和学校规模的扩大，波士顿后湾区的原校址已难以满足麻省理工学院的发展势头。于是，麻省理工学院于1916年搬迁到发展空间更为宽广、学术气氛更为浓厚的坎布里奇镇。20世纪30年代之后，随着科学的发展和社会的变迁，学科分类越来越精细化。麻省理工学院面对这些新形势，在坚持原来办学方针的基础上，把理科和工科分开，建立了独立的理学院。从此之后，理科和工科在麻省理工学院双翼齐飞，并行发展，为确立该学院在这两个学科领域里的领先地位奠定了坚实的基础。二战以后，麻省理工学院为了适应自然科学和人文科学相互渗透的发展趋势，在保持自己理工方面的特色时，又建立了人文和社会科学学院，让那些致力于理工科学习和研究的学生也有机会和责任去接受人文和社会科学思想的浸润和洗礼。

麻省理工学院的师资质量和水平是公认的。依靠这一支杰出的教师队伍，学校在教学和培育高质量人才方面取得了优异的成绩，在科学研究方面，也处于举世瞩目的地位。麻省理工学院所有的科学系都出类拔萃，走在全美大学科技的前端，其电子工程和电脑科学是全美国公认的第一。生物医学工程、化学工程、机械工程、物理以及规模不大的航空系和天文系都是声誉极高的专业，医学科技、生物工程都是该领域的领袖。不过，总的来说，纯科学的领域所受欢迎的程度比不上工程和电脑科学领域。可以说，麻省理工学院是美国最好的理工科大学，该校的工程系是最知名、最多人申请读和最“难读”的系，并曾一连七届获得美国工科研究生课程冠军。该校学生生源好、埋头苦读、头脑聪明、思路清楚，加上校风纯正、有严格的基础知识训练和治学要求，该校成为工程教育界之巨擘是必然趋势。

麻省理工学院的最成功之处在于它独特而严谨的教学方法。例如，有一门课是这样进行的：学生们每人得到一个装满弹簧、电机等元件的

箱子，课程要求简单而明确—自行设计、装配一台机器。恰恰是这种奇异、怪癖、与众不同的环境，造就了一大批献身教育事业、顽强拼搏且成就卓著的科学家。也正因为如此，才使它成为全世界有志青年衷心向往的“麦加圣地”。

麻省剪影

麻省之名蜚声海外，成为世界各地莘莘学子心向往之、趋之若鹜的科学圣殿，其最突出的标志是造就了一批声名盖世的科学家。比如首先发明磁存储器的扎伊·弗莱斯特、人工智能的先驱诺尔伯特·威纳以及曾举步月球的4名宇航员。由此不难理解，为什么在美国颇有影响力的《纽约时报》称其为“全美最有声望的学校”。

染满鲜血的混凝土

麻省理工学院是美国最好的理工科技大学，唯一可与其分庭抗礼的学府，恐怕只有加州科技学院了，并且只能在某个特定领域中，还有资格与其相提并论。麻省理工学院在学术声誉来说，它和哈佛及斯坦福大学同列全美之冠，三分天下。

可是一谈到麻省理工，人们就习惯于将它与哈佛大学相比，这并非只因为二者相距甚近，更主要的是哈佛的名气也非一般所能比。多年来，两所学校间的竞争从未中止过。1870年，哈佛曾企图兼并麻省理工，此后又作了多次努力，但始终未能如愿。但美国有句俗话说：“麻省理工的学生不会读，哈佛的学生不能算。”由此可见，二者特色相距甚远，一文一理，很难捏在一块儿。

哈佛的学生个个自傲自信，衣着考究，风度翩翩，而麻省理工的学生却相反。原因很简单：没有时间。在哈佛，学生们的最大困难是如何才能进来；在麻省理工，最使学生头疼的却是怎样才能出去。

麻省理工学院图书馆

的确，麻省理工学生的负担重得吓人，在这儿学习被比喻为“从消防水管中找水喝”。要想毕业，必须拿满 360 学分，少 1 分也不成。例如，航天工程这门课，每周最少授课时数为 14 小时。课程如此之多，负担如此之重，迫使学生个个变成了“咖啡因摄取狂”。因为若不如此，就无法连续几天几夜在实验室操作或赶写论文。由于时间紧、任务重，很多学生一直到毕业也未曾跨上波士顿大桥一次。因此，学生们把呈深红色和灰色的学校建筑喻之为“染满鲜血的混凝土”。

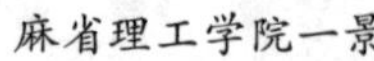

麻省理工学院一景

刁钻古怪，以“搞笑”著称

麻省理工的学生们在学习上下的苦功是最著名的，但千万别以为麻省理工的学生是只会读书的书呆子。在麻省理工学院，有全美国最会搞笑胡闹的学生。年轻的学生们当然都爱给教授、朋友或者是对手开个玩笑。而最受欢迎的恶作剧对象，还是与自己在学术或是体育上竞争的其他大学。能找个机会灭一灭竞争者的威风，自然也就意味着给自己学校长了志气。在这方面，麻省理工的学生们的点子刁钻古怪，明显高于同龄人。

麻省理工学院与哈佛大学同处坎布里奇，俗话说“一山岂容二

虎”？1982 年的哈佛—耶鲁年度橄榄球比赛第二节刚刚开始，突然一只巨大的气象气球从画着 46 码线的地底下像蘑菇云一样冉冉升起，气球上显赫地写着大字—“MIT”！有一年的橄榄球比赛，麻省理工的学生在中场休息时穿着耶鲁学生行进乐队的服装混进了赛场，在球场上列队拼出“MIT”三个大写字母，令观众们哭笑不得。还有一次，穿着印有“哈佛大学”运动衫的学生们，分头给观众席上的哈佛学生们每人派发一张卡片，通知他们说每人都将卡片向空中翻开的话，就会组成“打败巴喇狗”这句话（“巴喇狗”是耶鲁大学球队的象征）。结果呢？信以为真的哈佛学生们组成的自然是“MIT”三个大字，麻省理工的学生们的“阴谋”又一次得逞。

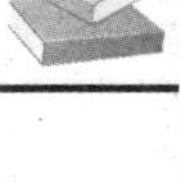

麻省理工学院的领导，对自己学生的恶作剧一直保持着宽容，甚至

弗莱明加农炮

是默许的态度，学校有个专门的博物馆用来收藏学生们这些恶作剧的道具。例如，在“气象气球”事件发生之后，启动气球的装置落到了哈佛的手中，麻省理工学院当时的校长保罗·格雷颇费了一番口舌才把装置要回来。他特地给哈佛的校长德里克·波克写了一封信：“亲爱的德里克：我得到口信儿说你们的校园警方手中扣着一些本该是在MIT博物馆里的陈列品，这会是真的吗？你们应该用不着这个用吸尘器零件、1967年汽车废件和几个弹球拼凑成的代用装置吧？我们呢，因为比较多愁善感，将会小心地保护。是的，我们将会珍藏这个1982年橄榄球季度高潮的象征，请把它还回来。你的诚挚的保罗·格雷。”哈佛把气球装置还给了麻省理工学院，而学校果然把它陈列在博物馆里，并且为这项成功的恶作剧而骄傲。用校长格雷的话来说：“麻省理工学院的精神，它的创造力和细心，不仅在学术性的，也在轻松的项目中得到体现。幽默……是这个独特的社团中不可缺少的一部分。”

的确，长期以来麻省理工学院以搞恶作剧而著称。2006年3月，麻省理工学生竟从加州理工偷走了其镇校之宝，一尊有130年历史的弗莱明加农炮。在每年的开学典礼上，加州理工学院通常都会鸣响这尊大炮。

据美国《洛杉矶时报》说，来自麻省理工的一群捣蛋鬼假扮成搬运工，堂而皇之地从加州理工校园内把这尊重达17吨的美西战争时期的大炮从西海岸的加州穿越整个美国带回到位于东海岸的马萨诸塞州利福尼亚的麻省理工学院，这令所有人都大吃一惊。

这尊大炮被偷回来后就摆放在麻省理工校园内的一处空地上，紧邻一片草坪。炮筒上套着一个超大号的麻省理工校戒，附近地上的一块牌子上写着：“装扮成‘豪和塞尔搬运公司’员工的麻省理工恶作剧者于2006年3月28日盗取了这尊加农炮。”还嫌不过瘾的麻省理工学生又在大炮边放了一只自制的24K镀金铜老鼠。一名恶作剧学生代表说，这

只老鼠重约10公斤，花了1000个工时才做成。之所以给大炮戴上麻省理工的戒指，是想暗示它还没有“毕业”。

疯癫精神病院

麻省理工学院的学习和生活是繁忙而艰苦的，有的学生抱怨说麻省理工的学习气氛简直“能把人逼得精神分裂”。教授留的作业以多和难著称，有些课令学生们望而生畏，比如“电脑程序的结构与理解”、“线路与电器”和“热力学与动力学”，就是能让学生们为了过关只得彻夜不眠的“杀人课”。有人说，在麻省理工，一个正常人在“学习”、

麻省理工学院校园风光

“睡眠”和“朋友”三者中必须舍去一个，才能得到另外两个，所以，大多数学生们聪明地选择了放弃睡眠。

所以有人称麻省理工学院为“疯癫精神病院”，对不知内情的人来说，第一印象或许如此。麻省理工的学生性格外向开放，思维敏捷活

跃，却不得不经常埋头苦读。他们刻苦攻读的背后的事实是：他们并不爱学习，这在美国已是众所周知的事实。多数学生希望尽早离开学校，在一家不错的公司谋得职业，争取尽早成为百万富翁。

计算机是麻省理工学生最亲密的朋友。学生们常常和计算机一“玩”就是半夜，通宵达旦在这里早已不足为奇，这也正是为什么麻省理工学生个个面色倦怠的原因。然而，麻省理工的最成功之处在于它独特的教育方法，它“最基本的注意点是研究，即独立地去探索新问题”。麻省理工在电子学、核科学、航空和航天学、计算机科学、光谱学、生物学、化工、造船学方面均取得重大科研成就。在生命科学、地理学、材料科学和通讯跨学科等领域进行了大量研究，打破了传统学科的界限，为美国的企业界，科学界培养了大量人才。

麻省理科地位的飞跃

1930 年卡尔·康普顿到麻省理工以前，理科在麻省理工的地位主要是给工科开设基础课，这样的情况使第一流的科学家不相信麻省理工能向他们提供培养研究生及开展基础科学研究的条件。麻省理工董事会任命康普顿为院长，是适应 20 世纪 20 年代末工业已开始重视理科研究的潮流的，从而也改变了理科在麻省理工的地位。气氛的改变，加上康普顿个人在科学界的名望，使康普顿能迅速地聘请学者来加强麻省理工理科。

麻省理工学院

康普顿担任院长之后不仅在人力方面加强了理科，还亲自深入参加了物理与化学研究实验室的设计，并在完工后于 1932 年 5 月 6 日这期“Science”杂志上

亲自发表介绍这个实验室详细情况的文章。

在卡尔·康普顿任院长的前 10 年中，正是美国经济萧条的时期，麻省理工的大学生、研究生、教员人数变化都较小，但在这 10 年中麻省理工在质上是发生了变化的。

麻省理工在 1940 年以后的变化是巨大的，之所以出现这个变化，与康普顿在 1940 年以前经济萧条时期所采取的一些适应美国工业生产和工业研究发展趋势的措施是大有关系的。从 1940 年起，麻省理工承担了大量的军事研究工作，特别是后来发展成为特大的微波雷达研制机构。

1945 年 12 月，麻省理工在纽约市的校友会举行庆祝康普顿任院长 15 周年的大会上，校友称颂在第 9 任院长的领导下，该院正在完成它历史上的最伟大的时期。在日本 1945 年 9 月投降以前，在麻省理工进行的微波雷达研制费用每月已接近 500 万美元，约相当于麻省理工二次

麻省理工学院校园风光

世界大战前全年的经费。由于微波雷达在肃清德国潜艇在美国海岸附近活动方面和在 1944 年法国诺曼底海岸登陆方面等连续发挥了重要作用，

美国总统杜鲁门在授予康普顿最高级的非军人勋章的文件中特别提到在微波雷达的研制中，康普顿的个人作用甚至达到了使战争提前胜利结束的程度。

1941 年在麻省理工的 759 名研究生中，物理系研究生已达到 54 名。到 1957 年，物理研究生已达 180 名。第 10 任院长 Killian 曾说在 1956 年后麻省理工每年毕业的物理博士已超过美国任何其他学校。从 1930 年康普顿任院长起，只过了 20 多年，麻省理工的物理系即从只为工科学生开基础课的地位跃居为研究生培养及科学研究上最先进的行列之中。

在美国参加二次世界大战以前，麻省理工雇用的全部人员为 1300 人，而在 1956 年已达到 6500 人，1970 年为 9000 人。第二次世界大战中，麻省理工在人员方面有了很大的发展，其代美国政府主办的微波雷达任务雇用的人即达 3900 人，其中科学家达 1200 人。二次世界大战以后，微波雷达研

美国前总统杜鲁门

究机构于1946年结束，麻省理工就自己成立了以物理系教授Stratton（后任麻省理工第11任院长）为主任的电子研究实验室。随后于1951年左右依据签订的合同代美国政府主办林肯实验室，其中任用了相当多的麻省理工的最好的物理学家和电子专家。在二次世界大战中发展起来的麻省理工航空系的惯性导航科研任务，在1957年也雇用了700人左右。

院长风云

麻省开拓者——威廉·罗杰斯

当人们来到麻省理工学院本部行政大楼前，便会看见镌刻在四根古香古色圆柱上端的一排罗马体大字：WILLIAM BARTON ROGERS FOUNDER（创办人威廉·巴敦·罗杰斯）。仰望这排遒劲有力的大字，任何人都会对这所名扬四海的麻省理工学院的创建者肃然起敬。其实，这排大字不仅是对这位首任院长聊表敬意的标记，而且会使人情不自禁地回想起这位院长当年对于麻省理工美好未来的憧憬，从中受到启示和鼓舞—事实上，威廉·罗杰斯的鼎鼎大名，至今依然是支配这所学院的巨大力量。罗杰斯有兄弟四人，都是当时深负众望的科学家。罗杰斯曾就读于父亲帕特里克·克

麻省理工学院奇怪的建筑物

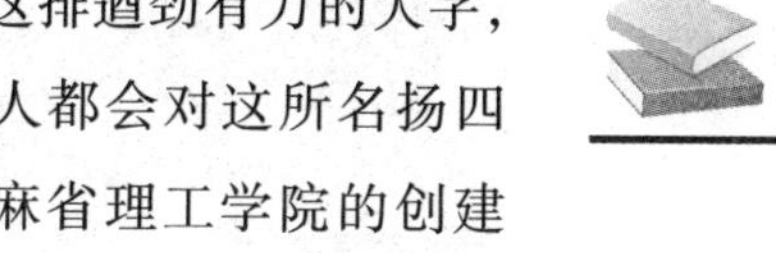

尔·罗杰斯博士任教的弗吉尼亚州威廉与玛莉学院。1828 年父亲去世，23 岁的他便接任了父亲的职位，担任博物学与化学教授。所谓博物学，实际上包括自然科学的各门学科。罗杰斯的兴趣广泛，尤其在地质方面的造诣颇深。1835 年，他对弗吉尼亚地区进行了实地的地质考察，并于同年受聘于弗吉尼亚大学，担任自然哲学（当时指自然科学，特别是物理学）教授。

罗杰斯在弗吉尼亚大学任教长达 18 年之久，是当时颇有声望和影

弗吉尼亚大学

响的教授之一。然而，这里排外情绪严重，立法机关对教授们的支持也反复无常，并且表现出反知识分子的情绪与倾向。罗杰斯通过地质考察取得了有关煤田和其他自然资源的极为宝贵的资料。但是，顽固的、持有偏见的议员们却执意不肯为他出版考察结论而拨款，这些令罗杰斯非

常苦恼。

然而，令罗杰斯忧心的是弗吉尼亚大学内的秩序混乱不堪。有 70 名学生因违反规定携带猎枪上学而被开除。随后，发生了教授们住宅的窗子被砸事件。一些学生甚至用马鞭抽打教授，甚至戴上假面具枪杀教授会主席的极为严重的事件也发生了。1845 年，罗杰斯任教授会主席时，有时由于学生闹事严重，学院不得不停课一周。罗杰斯写道：

“教授会每次开会，几乎都要讨论被开除的学生不愿离校的事，这种情况当然使学校当局忧心忡忡。被开除的学生又企图寻机报复。遗憾的是，我们对这些学生竟无能为力……他们放荡不羁，还要拉走在校的一些旧伙伴。”

在同弟弟亨利·罗杰斯一起对新英格兰（美国东北部包括马萨诸塞州在内的六个州的总称）进行地质考察时，威廉·罗杰斯曾在给另一个弟弟的信中大发感慨：“自夏季同亨利到达此间以来，我始终感到，我生活的地区与光荣的新英格兰高度开化的气氛和环境之间有天壤之别。”

威廉和亨利在多次出游的过程中，结交了许多新英格兰地区的朋友，同时，他的学术声望也与日俱增。在波士顿“美国地质学家与博物学家协会”（威廉和亨利两人都曾担任过该协会的主席，威廉的任职是在 1847 年）举行的一次会议上，兄弟二人合写了介绍沿阿巴拉契山山脉结构与成因的著名论文。

亨利·罗杰斯是宾夕法尼亚大学的地质学教授，1844 年应波士顿洛厄尔学院的邀请，赴该校讲学。在此期间，他决定暂留波士顿，期望能被哈佛聘用，结果未能如愿。1845 年，在经过白山的旅途中，威廉和亨利与波士顿的书香门第詹姆斯·萨维奇一家邂逅相遇。几年以后，即 1849 年，威廉·罗杰斯娶了詹姆斯·萨维奇的长女埃玛·萨维奇为妻。

在此期间，兄弟二人渴望在波士顿创办一所工艺学校，威廉则产生了创建一所“超过国内任何大学”的学校的想法。威廉·罗杰斯强调指出：这样一所学校，不能仅仅教授工艺技能，重要的是要为学生们将来在工业部门工作打好科学理论基础。

然而，教育界仰仗的最大财东约翰·阿莫利·洛厄尔却拒绝了这项建议，罗杰斯兄弟二人并未因此心灰意冷，相反他俩继续深化自己的办学想法。1853 年，罗杰斯辞去弗吉尼亚大学的职位，同妻子迁居波士顿。四年后，亨利应英国的格拉斯哥大学之聘而离开。于是，罗杰斯只好为实现二人的共同理想而孤身奋斗。

格拉斯哥大学

罗杰斯博学多识，见地非凡，加上具备演说家般的讲学才能，在美国学术首府波士顿的上层人士中间备受尊敬，他的办学主张也博得了众多热心人士的支持。

1859 年，马萨诸塞州州长提出了将部分新开土地作为建校之用，“博物学学会”及其他一些组织便提出申请，罗杰斯是签名者之一。他们要求在这片土地上建立一所包括艺术、科学和历史在内的文理学院，但遭到了立法机关的否决。次年，罗杰斯又亲自起草建议书，大声疾呼：如州政府不予批准，则恳请公众慷慨相助，以便使创办一所工艺大学的美好愿望成为现实，结果他这份建议又被否决。

在第二份申请被否决之后，以罗杰斯为首的一个委员会又向州政府

美国南北战争

呈送了第三份申请书，要求在查尔斯河口后湾拨出一块土地，三分之一用来修建博物学展览馆，三分之二作为兴建麻省理工学院之用。罗杰斯还在一份报告中据理力争，说明未来的学院必然大大有助于整个国家工业的发展与科学的进步。委员会的全体成员愿为筹建学院捐款 10 万美

元，以示诚意。

罗杰斯的第三份申请书是有说服力的。1861 年 4 月 10 日，州长代表立法机关签名，批准了建设理工学院和划定地段的方案。当时正值美国南北战争，建校计划被迫中断，罗杰斯为此苦恼不堪。他在给弟弟的信中写道："我们在科学和文学方面都无法工作。看来，建校的计划只得等到恢复太平方能实施了。"

尽管战火未熄，筹建麻省理工学院的工作已在悄悄进行，建校发起人于 1862 年举行了第一次会议，并推选罗杰斯为院长。同年，国会通过了各大学划定土地的法案，即美国教育史上有名的"土地赠予法案"。划给马萨诸塞州各大学的土地中，十分之三归麻省理工学院，这的确是一份不小的财政援助，同时，捐赠的 10 万美元也已筹齐。1863 年麻省理工学院开始破土，修建了第一幢新古典的红砖大楼，中楣刻有阿基米德和牛顿的名字。

两年后大楼还尚未落成，罗杰斯就于 1865 年 2 月 20 日在波士顿市中心的商业图书馆，敲响了麻省理工学院第一堂课的铃声。罗杰斯不无感慨地在日记中写道：

"学院终告建成！15 名学生入学，实在是可贺可庆的日子！"

从学院开创以来，麻省理工学院的工作重担，特别是财政重担，压得罗杰斯院长喘不过气来，使他本来就虚弱的身体更是每况愈下。1868 年，在一次出席教授会议时，他突然中风。由于罗杰斯院长康复缓慢，理事会任命了数学教授约翰·伦克尔为代理院长。两年后，罗杰斯仍不能承担正常工作，伦克尔便正式继任院长之职。

1878 年，罗杰斯的健康状况已大有好转。于是，他接受了理事会的要求，再次出任学院院长。他提出：物色合格的院长人选，也是学院当务之急的工作。1881 年秋，弗兰西斯·沃克接替了罗杰斯的院长职务。

在第二年5月30日的毕业典礼大会上，沃克院长盛赞77岁高龄的学院创始人威廉·罗杰斯的辉煌业绩，并请他颁发证书。不料，这竟成了威廉·罗杰斯同他所创建的MIT以及他的同行们诀别的时刻。沃克事后在追述当时的情景时写道：

“他开始讲话时，声音微弱，并有些颤抖。但和从前一样，灵感一来，顿时变得铿锵有力，洪亮无比。少顷，他的话音戛然停止，他那庄严的身躯蓦地弯了下去，那双充满遐思、炯炯有神的眼睛顿时失去了光彩。同大家一样，我一直在聚精会神地聆听他的讲话，当我还没来得及明白这突如其来的变故是怎么回事的时候，他已经倒在讲坛上与世长辞了。”

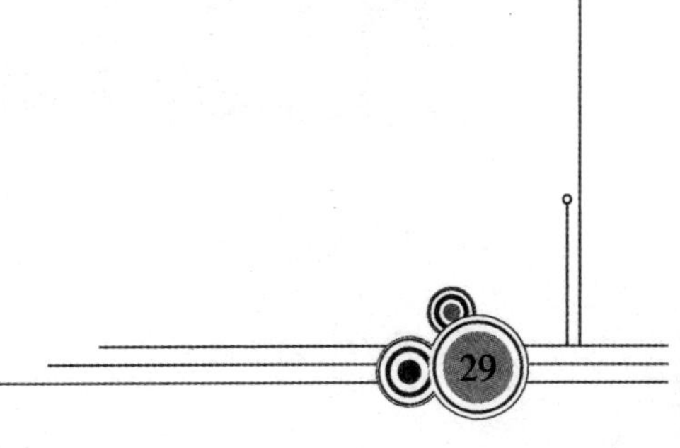

旧习改造将军——弗兰西斯·沃克

在讲述“旧习改造将军”弗兰西斯·沃克院长对 MIT 所作的贡献之前，说一下他的前任—在动荡的十年中带领 MIT 渡过难关的约翰·伦克尔院长，是很必要的。

蓄着灰白络腮胡须的伦克尔院长是位和蔼可亲、颇有长者风度的领导。他虽然没有罗杰斯院长那么有魄力，但却颇受学生们的爱戴和尊

哈佛大学

敬，学生们亲切地称呼他“约翰尼大叔”，大多数教师也都喜欢他。当然，教师队伍中也有不喜欢他的，那就是弗兰西斯·斯托勒。他一听说伦克尔当了院长，便走出校门，再也不跨进这道门槛了。斯托勒到哈佛当了农业化学教授，并一心希望有朝一日哈佛接管 MIT。

伦克尔对斯托勒的离走和查尔斯·埃利奥特就任哈佛校长，是很有一番见地的。他分析道：

“这对我们来说，无疑是个损失，但也是件好事。因为曾有一位哈佛校长说过，既然两个学校的任务截然不同，二者之间便不会相互妒忌和竞争。”

看来，伦克尔的分析未免过于简单和主观了。在短短的几个月的时间里，埃利奥特便制订了把 MIT 与哈佛动荡不安的劳伦斯研究院合并为一的计划——根据谈判来看，很明显，哈佛是存心想把 MIT 变成它的一个组成部分。

现在的波士顿

虽然伦克尔曾是劳伦斯研究院的研究生，但他的心是向着 MIT 的。他是罗杰斯的故交，对于创建学院，二人曾有过共同的美好理想。伦克尔极力反对哈佛吞并 MIT，加之理事会大部分成员对 MIT 一片忠心，他们断然否决了并校的提议。尽管如此，在以后的半个世纪里，还有一些人一再提议将 MIT 并入哈佛。

在伦克尔任职期间，学院面临着极为严重的财政困难。1872 年的波士顿大火（1872 年 1 月 9 日至 10 日，在波士顿的批发商业区发生大火灾）和 1873 年的大恐慌（1873 年，美国政府禁止倒卖黄金，致使库克等几家公司和纽约的三大银行相继倒闭），给学院的资助人以毁灭性的打击。为此，学费不得不提高一倍，达到 200 美元之多，结果招生人数减少了一半。当时 MIT 教授的工资收入比波士顿的中学教师还低，致使不少教职员工纷纷离去。境况尽管如此艰难，学院依然生机勃勃，并且保持着独立性。

由于横贯北美大陆的铁路的建成，在 1870 年伦克尔便到达过西海岸。他在途中参观了一些矿井和冶炼厂，并想方设法说服富有的矿主对 MIT 发生兴趣。第二年夏天，他率领包括托罗伯特·理查兹在内的四位教授和 21 名学生登程，对大陆西部地区进行实地考察。他们采集了几吨金、银及其他矿物带回学院，供实验室使用。此行意义十分重大，被看成是“教育界的创举”。

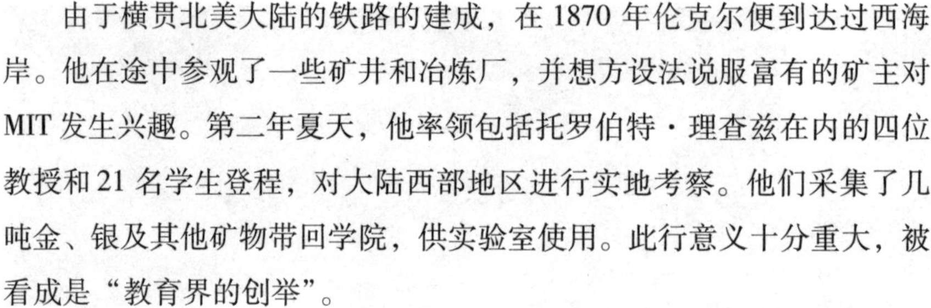

理查兹教授在着手制造大部分选矿设备的同时，创办了当时世界上第一批用工厂的方法冶炼和提纯的实验室。在实验规模上，其远远超过了伦敦皇家矿冶学校。在任职期间，伦克尔院长常为学院的经费问题担忧。他在给荣誉退休院长罗杰斯的信中说：“我深感这一步会使我们渡过难关，并为我们的学校打下远比过去更加扎实稳固的基础。”

可惜，伦克尔未能如愿以偿。由于疲于奔命，他于 1878 年辞去院长职务，以后连续教了 20 年的数学。

伦克尔的接任者沃克院长身材魁梧，头戴丝质礼帽，身着短身上装和表明军阶的条纹裤，为人和蔼可亲，他是在社会改革和政治改革的气氛中锻炼成长的。少年时期，他的父亲在奥伯林学院教书，专门给他请了一位名叫露西·斯通的家庭教师。后来，露西·斯通这个名字成了女权的象征。

沃克15岁时进了阿姆赫斯特学院，以优异的成绩毕业后，于1861年应征入伍当了军士长。在作战中，曾因受伤被俘入狱，交换战俘时获释遣返。当时，他因健康状况不佳不得不退伍，部队授予他名誉将军军衔。

阿姆赫斯特学院一景

在沃克就任MIT院长的第二年，即1882年，学院成立了第一个兄弟会“西格玛·齐”。不久又有一些兄弟公司相继成立。1886年，MIT

同威廉斯·阿姆赫斯特以及土弗茨学院组成了橄榄球联队。当时，一年级学生同二年级学生相互格斗的传统十分盛行。1889 届校友塞缪尔·普雷斯科特在回忆沃克院长时曾写道：

“在沃克院长任职的后期，一天，他听见从走廊里传来一阵异乎寻常的喧闹声，便急匆匆地跑出办公室，企图拉开这两路人马。一路是一大群正在往前冲的二年级学生，另一路是刚从一楼的一间教室里涌出来的一年级学生。见此光景，沃克院长气得一言不发，脸色发紫。他果断地冲进人群，以惊人的速度把肇事的学生推在两边，表现了一个训练有素的拳击家每击必中的解数。制止了这场格斗之后，他以一个军人所特有的洪亮干脆的声音，给那些吓得不知所措的学生上了一堂难以忘记的大学校规课。”

“这里是人们研究学问的地方，不是供小孩子们玩乐的场所”—这是沃克院长的一句名言。它不仅表明了这位院长管理学校的基本出发点，同时也昭示了 MIT 永远遵循的办学原则。这句话是他在为学院向有关部门要求修建一个运动场和购置一些较大的体育器材时讲的。19 世纪 80 至 90 年代，人们对大学生

曼陀林

的印象便是抱着曼陀林乱弹一气的社交能手和运动健将。在 MIT 是这样，在哈佛和耶鲁也是这样，沃克院长则鼓励学生参加运动和各种课外活动。

在沃克院长任职期间的头 10 年，招收的新生从 302 人增加到 1011 人。初上任时，MIT 的 10 年动荡不安时期刚刚结束，他立即带领全院着手实现学院的目标，即作为日后注定要使 MIT 成为著名学府的目标。财政问题一直没能完全解决，但比过去要好多了。保证学院健康发展的一项重要措施是说服国会给予年度资助，沃克院长颇有感触地说过：他为此事奔波使他少活 10 年。1897 年 1 月，这位享有“将军改革家”美名的 MIT 院长中风辞世，终年 56 岁。

最具魄力的领导人——普列切特

1900 年 10 月 24 日，亨利·普列切特出任 MIT 院长。普列切特是位天文学家，在担任海岸与大地测量局局长的三年中，他把标准度量衡办公室改组为着重科学研究的标准局。人们一致认为：普列切特是一位有魄力的领导。

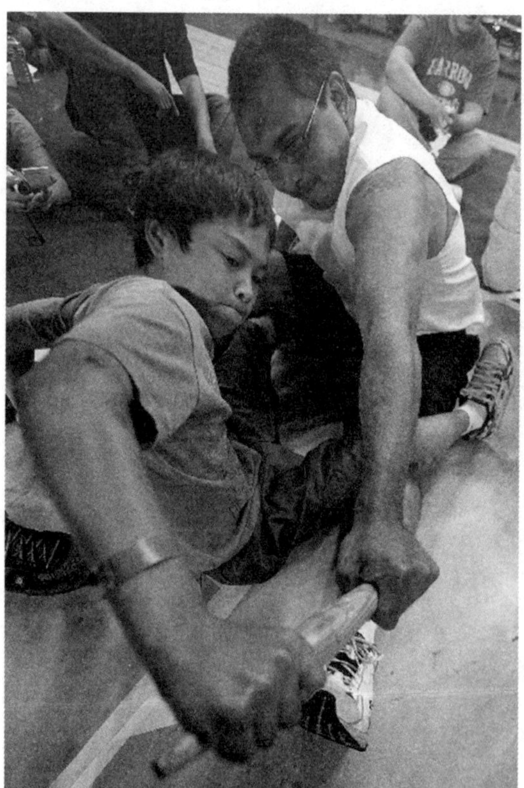

拔棍运动

就在普列切特出任 MIT 院长三个星期后，亲眼目睹了“夺棍”运动造成的悲剧：两名学生在无情的争夺中不省人事，一名学生因颈部错位当场毙命。

“夺棍”运动是 19 世纪 80 年代出现的一年级学生和二年级学生之间摆好

阵势的格斗。一年级学生中一些力气大的学生抓住一根4英尺长、两端有节的棍子，其余的人形成保护圈，把他们层层围住，人数多达150名。二年级学生为了夺得棍子，分成两个楔形，向保护圈猛扑过去。普列切特院长面对此景十分震惊。他沉痛地宣布：自此以后，禁止这项运动。

普列切特院长的设想终于变成现实。第二年秋，田径取代了“夺棍”，一年级同二年级的比赛项目有三个：橄榄球、拔河和接力。但是在普列切特院长并不赞成在学院进行橄榄球运动，原因是很少人能为参加这项运动腾出时间。举行运动会前一周，院长召开了全院学生大会。在会议进行过程中，院长离开了会场。后来到征询对橄榄球运动的意见时，结果是119票反对，117票赞成。这样，球队宣告解散，此举使全体学生大吃一惊。

橄榄球运动

毫无疑问，精心安排的解散学院橄榄球队，是MIT建校以来最重要

的决定之一，因为这项决定使学院免除了节日橄榄球赛带来的灾难。当时，橄榄球运动为人们带来了极其严重的恶果。仅 1905 一年内，便有 18 人死亡。

普列切特院长在取消橄榄球队一事中，可能有些专断，但并未遭到人们的强烈反对。他们心里明白，院长是为学生的人身安全着想，才不得不那么决定的。在普列切特任职期间，MIT 修建了一个新体育馆，还成立了学生俱乐部，大学生们可以在这里小吃小酌。普列切特在慕尼黑大学拿过博士学位，他对德国人饮酒作乐的传统十分欣赏，因此，他鼓励学生在星期六晚上举行“大学生啤酒会”。酒会上，男学生们可以欢聚一堂，一边吃喝，一边纵情歌唱。尽管波士顿的牧师们反对喝啤酒，

哈佛大学风光

但对普列切特却无可奈何。他说，举办酒会是“在我当家的大楼里”，

主要是为了“讨论专业和一般生活问题”举行的。

办事果断的普列切特院长，却在一件事情上始终未能占上风。哈佛校长埃利奥特给他写信：表示欢迎两校合并。埃利奥特在信中说，保证劳伦斯研究院和 MIT“能通过同心同德的合作并肩前进”。而且当时（1903 年）制鞋机发明人戈登·麦凯给哈佛留下了一大宗遗产，供其发展应用科学，哈佛便可望为其劳伦斯研究院拨款数百万美元。而 MIT 恰值财源匮乏，又无扩建余地。

安德鲁·卡耐基

普列切特院长是主张两校合并的，他的有力证据之一与创办学院的宗旨有关。

早在 1904 年，波士顿的一些报纸已经透露了哈佛和 MIT 又在谈判的消息。当时 MIT 正在筹备举行首次全院校友团聚会。在普列切特院长同哈佛进行谈判时，本来要尽情狂欢的校友团聚会开始酝酿应变措施。人们的这种担心并不是没有道理的：包括安德鲁·卡内基在内的“主合派”已经买下了一块土地（即现在哈佛商业研究院的所在地），作为 MIT 在哈佛卵翼下的校址。

在这首次参加团聚会的 1600 名校友中，反对同哈佛合并的愤怒情绪不断有所流露。在波士顿联谊俱乐部举行的第一次团聚“学院之义”上，一向爱开玩笑的盖莱特·伯杰斯给《约翰·布朗的尸体》（一首纪念美国南北战争中牺牲的英雄、反对奴隶主的起义领袖约翰·布朗的歌）填了新词，校友们纵情高唱：

大红加上灰色配不成深红
理工学院继续前进
我们对哈佛一毛不拔
理工学院继续前进
……

麻省理工学院一景

第二天，校友们乘轮船到南塔克特，上岸后在海滩上举行了游行，并在大西洋大厦的草坪上表演了杂耍。1876 年的毕业生似乎表达了他们对两校合并的主要感情，他们高举“76 级的骨气—独立”的大幅横标阔步前进。

当晚，校友们返回索美塞得饭店共进晚餐。大家的情绪很高，但面对现实的时刻已经到来。普列切特断言：“一切都足以表明，我们正处在过渡阶段。我国的理工科教育必须采

取新措施，要么增加学时，要么把部分最好的学校改为研究院。不论用什么办法，有一点是可以肯定的：都必须满足人们对理工学院教学和科研提出的不断变化的要求。当然，这也意味着要大量增加开支。”很明显，普列切特院长对MIT能否继续把大学生培养成专业人员表示怀疑，而第一任院长威廉·罗杰斯对此坚信不疑。

有些人发言反驳普列切特的观点。教务长阿尔弗雷德·伯敦在雷鸣般的掌声中一马当先：

“……埃利奥特院长已经直言不讳地说出了他的看法：两校的关系，应当基本上是赖德克利芙式的关系（赖德克利芙女子学院于1897年建于坎布里奇，后并入哈佛）。很明显，这就意味着一种吞并。”

《学院评论》编辑詹姆斯·门罗更是声嘶力竭，他满怀激情地追述了1882年毕业典礼大会上亲眼见到的情景，威廉·巴顿·罗杰斯便是在典礼大会的讲坛上突然死去的——为学院“鞠躬尽瘁，死而后已”。接着又语调深沉地介绍了沃克院长的丧礼之后，说：“他的死是因为在极其缺乏资金的建校初期，为学院能够继续办下去而不辞辛劳的结果。现在，困难时期已经过去，学院在财政上比较宽裕了，名声也已传开。而且，我曾经说过，MIT成了世界上最了不起的理工学院……如果我们不是不打折扣、毫不走样地把前辈的重托传下去，那么，我们便是背叛了他们，也背叛了学院本身。”门罗的讲话博得了校友们热烈的掌声和欢呼声。

但是，事后普列切特院长仍然坚持拟定了一项计划。根据这项计划，MIT的校名不变，但需迁往靠近哈佛的新址，并作为哈佛的工程研究院而存在。教授会以56票对7票否决了这项计划，校友们以2035票对834票予以否决。1905年，理事会进行正式表决，多数赞成继续同哈佛进行合并的磋商，先决条件是MIT得卖掉柯普利广场上的资产以支持新校舍的建筑费用。但几个月之后，最高司法部门便下达指示，宣布学校不得出卖土地。MIT 没有“嫁妆”，同哈佛的“婚事”随即告吹。

这场风波对普列切特巩固其作为 MIT 院长的地位是不利的。他同慈善家安德鲁·卡内基早就相识，这位慈善家决定建立卡内基促进教育事业基金会。他慷慨解囊捐赠 1000 万美元，并请普列切特担任基金会主席。1905 年年底，普列切特辞去了 MIT 院长的职务。

最卓越的院长——麦克洛林

普列切特院长辞职后，诺伊斯教授当选为教授会主席，但是他谢绝了担任院长的职务。1907 年，他同意担任代理院长，直至选出新院长为止。1909 年理查德·科克伯恩·麦克洛林就任 MIT 院长。

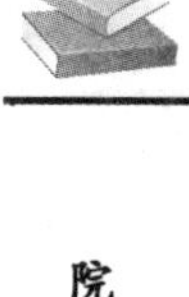

麦克洛林确实是 MIT 院长的恰当人选，他出生在英国爱丁堡，4 岁时，全家迁居新西兰。他的父亲是英国长老联合会的牧师，迁居后，他便以传教士的身份在毛利人聚居的边境地区巡回布道。这位牧师受过良好教育，儿子也勤奋好学。麦克洛林在奥克兰大学附院取得数学学位后，转到剑桥大学学习，其成绩非常优异。7 年后，麦克洛林取得剑桥的数学物理学位和法学学位。回到新西兰后，他教授法律，并兼

新西兰维多利亚大学

任维多利亚大学附院法学院院长。但他对自然科学的兴趣仍然很浓，他正在着手著述有关光的物理原理的书。

当时，美国哥伦比亚大学正在物色一位出色的数学物理学家，该校根据本校教授的推荐，向麦克洛林发出了聘书，他欣然接受了。

1908 年，麦克洛林抵达纽约。他打算尽早完成著作，因而在哥伦比亚大学只担任一段不限定时期的物理教学。在这里，他结识的第一个朋友是 1892 年毕业于 MIT 并留校教授物理达 15 年之久的乔治·温德尔。1907 年，温德尔辞去 MIT 的职务，到史蒂文斯理工学院担任物理系主任。他认为麦克洛林出任 MIT 的院长一定十分理想，因此便安排麦克洛林前往波士顿参观这所学院，并同代理院长诺伊斯会晤。与此同时，哥伦比亚大学的迈克尔·晋平教授也在举荐麦克洛林参加该校校务

哥伦比亚大学

委员会的工作。在麦克洛林与诺伊斯代理院长几次会晤后，11 月，即他到达美国还不到一年的时候，便被 MIT 理事会选中。

1909 年 6 月，MIT 校友们举行第二次全院大团聚盛会，同时为麦克洛林举行院长就职典礼，可谓双喜临门。校友们连续三天大搞庆祝活动，第一天校友们乘轮船到纳罕特度节日，第二天又到南塔斯基海滩作小型演出。担任马萨诸塞州州长的 1887 届毕业生伊本·德雷珀还在州政府大厦为校友们举行隆重盛大的酒会。

新任院长麦克洛林没有放过向校友们求援的机会，MIT 要找一块地作新校址，地皮要钱，新房子也要钱。他在宴会上慷慨陈词：

波士顿大学学生中心

“我们的学院肯定不会倒退，它已经成了国宝，将来也还是这样，而且会成为更大的国宝。”

就在麦克洛林夫妇 4 月间访问波士顿时，曾应邀到 1888 届的校友查尔斯·斯通家作客。斯通家坐落在灯塔街面水的一边，能够望见坎布

里奇岸边一片空荡荡的新填的土地。麦克洛林当场问了一句："这里不正好作学院的新址吗?"斯通解释说，这件事估计无法进行。哈佛在坎布里奇有免税资产，因此常常遭到市议会的责难。市内如再建一所免税学校，哈佛必然更加感到事情难办，所以哈佛会竭力反对。而且，MIT捐助人、富有的哈佛校友对此也会感到为难。

斯通的解释没能使麦克洛林放弃自己的想法。在就任的前一天，他独自走过桥去，仔细观察了那块地。接着，他又同坎布里奇的单功电缆公司经理、1885 届的校友埃弗雷特·摩斯进行了磋商。摩斯对麦克洛林的想法相当支持，便设法打通了地产权主的关节。然而，在麦克洛林将他的想法和奔走经过透露给哈佛的某些要人之后，得到的看法是：这样一来，必然使两校的财政稳定都受到威胁。另外，还有一处可供选择作为 MIT 的校址，那就是沿波士顿联邦大街的一块三角地带，面积为 35 英亩，即现在的波士顿大学桥以西的地方。麦克洛林又亲自登门拜访杜邦公司经理 1884 届校友寇尔曼·杜邦，同他进行商谈，但是杜邦则认为这块土地的面积不够大。他说，"理工学院未来的地位很重要，必须考虑发展的余地。"并建议：新校址的面积不能低于 45 英亩，而且必须筹资 200 万美元。杜邦决定首先捐赠 50 万美元。

大约就在这个时候，马萨诸塞州中南地区史普林菲尔德城的校友们提出，如果学院迁往该市，他们可以免费赠给 30 英亩的土地。紧接着，坎布里奇方面也来了消息：4 个民众团体联名促请学院迁到坎布里奇。市政厅已通过决议，对这项提议表示赞成。

坎布里奇土地权主同意以 77.5 万美元出售 46 英亩土地。杜邦承诺的赠款加上其他校友的捐赠和遗赠（包括学院创办人的遗孀埃玛·罗杰斯夫人的捐款），正好用来买下这块地。

1911 年 10 月，麦克洛林院长郑重宣布，第二年春破土动工，兴建新大楼。实际上，麦克洛林院长这时正在为建造大楼的资金一筹莫展。

1912 年初，伊斯门·柯达照相公司总管，1894 届校友弗兰克·洛弗乔伊致函麦克洛林院长，说明公司经理乔治·伊斯门“愿助一臂之力”。麦克洛林按约定的时间在纽约会见伊斯门，向他详尽地说明了 MIT 的发展潜力。席间，伊斯门对款项一事竟只字不提。见此情景，麦克洛林正要起身告辞，伊斯门突然问道：

“盖新大楼要多少钱?”

“250 万。”麦克洛林回答。

“我把支票寄给你。”

美国麻省理工学院

新校舍的修建未能如麦克洛林院长所希望的在 1912 年动工，推迟的原因主要是波士顿校园的出售问题。MIT 原指望能卖上 3013 万美元，但由于法律上的纠纷未能如愿，最后决定建筑系留在原来的罗杰斯

大楼。

1913 年初，1889 届校友韦尔斯·博斯沃思被任命为新校舍的建筑师，他的同行埃德温·韦伯斯和查尔斯·斯通特工程师分别于 1909 和 1916 年担任校友会主席。1916 年，新校舍落成。这是一个欢乐的时刻，MIT 举行了空前隆重的庆祝大会。

纽约的校友们一行 500 余人乘汽轮于 6 月 22 日到达母校，受到了鸣礼炮 21 响的盛大欢迎。院刊发出号外，登满了他们夜间拍来的沿途见闻。他们步伐整齐地行进在院管乐队的后面，前往科普利广场，与来自世界各地的其他校友见面。校友们首先在罗杰斯大楼举行告别旧大楼仪式，接着便是为沃克纪念馆奠基—自沃克院长逝世以来，校友们一直在为修建这座纪念馆而筹款。第二天早上，最后一次在罗杰斯大楼举行毕业典礼。仪式完毕后，校友们乘三艘汽轮到南塔克特郊游。

24 日下午，在大球场举行新大楼落成典礼。麦克洛林院长在讲话中对伊斯门的捐赠倍加赞赏。他说，“这笔钱对全国都将产生影响，因为它是把整个美国的工业建立在牢固的科学基础上，从而使其从根本上得以加强而用掉的。”

MIT 迁往坎布里奇是麦克洛林院长最卓越的成就，在其他方面，他也做了不少工作，诸如对设置航空学等新学科，对科研的进一步重视以及加强教学力量等。他还于 1913 年同哈佛达成了下述协议：哈佛每年要向 MIT 提供 15 名教授和 10 万美元的经费（由麦凯基金里出），以便两校共同在 MIT 开设土木与环境卫生工程、机械工程、电气工程、矿冶与冶金等课程。

关于两校之间的协议，哈佛方面没有事先征求麦凯基金会的意见。协议签订不到三个月，基金会的董事们便提出交由司法部门裁决：哈佛同 MIT 的协议是否违反了基金使用条款。尽管资金问题未能解决，两校

还是决定继续合办专业。

1914 年秋入学的学生可以在四个专业同时获得 MIT 和哈佛的学位。在这以后的四年中，大约有 300 名学生获得两校联合授予的硕士学位，50 人获得更高的学位。

经过复杂而漫长的诉讼，马萨诸塞州高等法院于 1917 年 11 月作出裁决，根据麦凯遗嘱的规定，法院宣布：哈佛与 MIT 合办专业是不合法的。但是当时在合办专业学习的学生仍然获准在协议废除前完成当年的学业。

第一次世界大战

第一次世界大战的进行，使得 MIT 的稳步发展突然中断。1917 年 2 月，美国断绝同德国的外交关系。麦克洛林院长迅即给美国国防部打电报，表示 MIT 学院乐于报效祖国。同时，MIT 办起了培训陆军和海军飞行员、航空工程、无线电工程师以及其他人员的专业。一时间，学院俨如军营，同时学院也广泛开展了与战争有关的科研工作。在规模上，第一次世界大战要比第二次世界大战时小得多，MIT 近 5000 名学生和校友在军队中供职或服役，其中半数是军官。此外，至少有 2300 人在政府部门任文职官员。

战争结束后，MIT 面临着严重的财政危机，为此不得不发起筹款 400 万美元的运动。乔治·伊斯门一如既往，他主动提出，在别人捐赠 300 万美元的情况下，他将捐给学院每年可得 20 万股息的股票。1920 年，在预定的庆祝募捐成功的宴会前夕，总的数目恰好凑齐。

麦克洛林院长因患感冒又转成肺炎而未能参加宴会，威廉·塞奇威克教授宣读了院长写好的发言稿，当宣布学院的主要捐赠人乔治·伊斯门的名字时，校友们无不大吃一惊。

由于长期操劳过度，麦克洛林院长一病不起，不到几天便与世长辞了，终年 49 岁，时为 1920 年 1 月 15 日。穿戴博士衣帽的麦克洛林院长的遗体停放在新建的大厅内，教师、校友和学生整队前往大楼，向尊敬的麦克洛林院长遗体告别。

麻省的功臣——卡尔·康普顿

1922 年，斯特拉顿担任 MIT 院长。在他的任职期间，MIT 不是在稳步发展，而是在走下坡路。走下坡路的 MIT 需要一位得力的新院长。

在物色新院长候选人的过程中，有两位物理学家备受重视，他们是阿瑟·康普顿和他的哥哥卡尔·泰勒·康普顿。阿瑟在芝加哥大学任教并于 1927 年获诺贝尔物理奖，卡尔当时是普林斯顿大学的物理系主任。

芝加哥大学

1930 年 3 月 12 日，卡尔·康普顿走马上任，担任了 MIT 的院长，从此学院又掀开了新的一页。

卡尔·康普顿一接手 MIT 的工作，便很快展露了他非凡的领导才能，这与他的身世和受到的良好教育是密切相关的。他的父亲埃利亚斯·康普顿是俄亥俄州伍斯特学院的心理学教授和院长，这是一所长老会办的规模很小的学校，康普顿一家人都是虔诚的教徒和传教士。这不仅表现在形式上，而且体现在一家人之间的挚爱：他们对学生无微不至的关怀以及利他主义的、有益于社会和有所追求有所建树的生活的热爱。

老康普顿有 4 个孩子，他们都毕业于伍斯特学院，兄弟三人均在普林斯顿大学获得哲学博士学位。二弟威尔逊·康普顿是经济学家，后来当上了华盛顿州立学院的院长。三弟阿瑟·康普顿长期担任芝加哥大学物理学教授，后来出任圣路易市华盛顿大学校长。妹妹玛丽在印度当了学校里的传教士，与在伍斯特学院的同学赫伯特·赖斯结了婚，赖斯后来担任了印度北部的阿拉哈巴基督教大学校长。最值得一提的是，卡尔·康普顿与明尼苏达大学的希腊语和研究圣经的学者的女儿玛格丽特·赫金森结了婚。赫金森在大学时，当过基督教女青年会主席，同康普顿一家一样，具有对人类的热爱和对创造生活的热情。

通用电气公司

当通用电气公司经理、1895 届校友杰拉德·斯沃普劝说康普

顿接受 MIT 院长聘书时，他曾经举棋不定，原因是他认为 MIT 是一所不重视物理研究的学校。斯沃普提醒他说，作为院长是有权力增加物理研究的预算的。康普顿一到任，便立即考虑加强物理系。当时，这个系基本上已经成了工科学生的后勤部，死气沉沉。但是在这个时期，全世界都为物理学中的新发现而无比激动。

康普顿院长对物理界的情况了如指掌，他在 1927 到 1929 年担任过美国物理学会主席，又是美国物理研究所的主要领导人，并于 1932 年担任第一任所长。当时著名物理学家们受有关方面的委托，负责挑选出六名杰出的美国科学家，康普顿和他的弟弟阿瑟均名冠群首，其次是芝加哥大学的米切尔森、哈佛大学的珀西·布里奇曼、加州理工学院的罗伯特·马利肯和霍普金斯大学的伍德。为了使 MIT 在物理学方面尽快地赶上去，康普顿聘请了哈佛的理论物理学教授，29 岁的约翰·斯莱特担任物理系主任。接着，他又把斯莱特在哈佛攻读博士后时的旧友乔治·哈里森从斯坦福大学请来担任物理学研究实验室主任。对此，康普顿院长颇为满意。斯莱特在 MIT 当了 20 多年的系主任，他在研究生中培养出了 3 名获得诺贝尔奖金的物理学家，这在历史上颇为罕见。哈里森在研究工作中也是硕果累累，在 1942 至 1963 年的困难时期，他担任 MIT 科学分院院长职务，且干得十分出色。

作为 MIT 的院长，其行政工作的繁忙程度是可以想象的，但康普顿决心不放弃自己的科研活动。他每周安排一个下午到实验室工作，可每次都是还未到下班时间，院长办公室的电话便把他请走，去办理学院事务。针对这种情况，康普顿决定设立 3 个分院，作为有关各系的外层单位。电气工程系的范里华·布什被认命为工程分院院长和学院的副院长，生物系主任、1894 届校友萨缪尔·普雷斯科特担任科学分院院长。负责研究生工作的教务长哈里·古温被任命为研究院院长（MIT 的研究院一直是行政单位，而不是学术单位）。康普顿意识到人文科学是一个薄弱环节，于是又决定成立人文学研究室，以便加强这方面的研究。最后，1932 届校友卡罗尔·威尔逊被任命为院长助理，他是许多年轻有为的毕业生中的佼佼者，是被委以如此光荣重任的第一个人。

国家的经济萧条，使 MIT 也深受其苦。捐赠收入大幅度下降，到 1932 年年底，学院不得不把月薪 500 美元以上的职工的工资少发 10%，作为保留待补的部分。为了能做到收支平衡，学费从 400 美元增加到 500 美元，入学人数从 2640 人下降到 2000 人。许多学生因交不起学费，只得向学院贷款。幸好在康普顿到任之前，斯沃普和其他一些校友已成立了拥有 150 万美元作为基金的贷款委员会。

麻省理工学院

范里华·布什也是一位卓越的领导，他在处理问题时的泼辣正好与康普顿的稳健相辅相成。1938 年，华盛顿卡内基协会聘请他担任该会

主席，康普顿院长实在舍不得布什离去。于是，他向理事会提出了要求：让布什担任院长，自己担任理事长。然而布什本人决定赴华盛顿就职，事后证明，这是一项具有重要意义的决定。

1933 年，罗斯福总统任命康普顿为科学顾问委员会主席，以寻求对付经济萧条的方法为宗旨。1939 年，美国卷入世界大战漩涡的可能性日益明显。范里华·布什经常召集小组会议，商讨一旦美国参战，如何改变已经过时的装备问题。这个小组的成员有：康普顿院长、哈佛的詹姆斯·朱厄特和加州理工学院研究院院长理查德·托尔曼。

布什是国家航空咨询委员会主席，负责向陆军和海军部提供有关科研问题的意见，而且在具体工作中是当然的带头人。罗斯福总统批准了布什小组制订的关于建立国防科研委员会的计划，并任命他为这个委员会的主席。

罗斯福总统

康普顿过去是布什的上司，但他却俯首听命，毫不犹豫。他被任命为国防科委的探测处处长，主要负责有关探测技术方面的问题、控制系统和仪器制造。二战之后，国防科委设立科学研究发展局，主要开展世界上从未有过的规模极大的科学和技术研究活动，卡尔·康普顿远涉万里，成为奔驰在劫后余生的东京街道上的第一位美国文职官员。

康普顿院长不仅在MIT作出了卓越的成绩，而且，不论是作为一位有成就的科学家，还是作为一个廉正仁慈的人以及大家的朋友，他都为人们树立了榜样。

领 航 先 锋

数字计算机先驱

1882年，麻省理工学院第一个开设了电气工程课。同年，新英格兰的第一批街灯在夜市出现了，当时发电用的是埃利胡·汤姆森研制的直流发电机。在19世纪的最后10年，电力工业发展迅速，学电气工程的学生日益增多。起先，这门课是作为物理课开设的。1902年，学院

街灯夜景

正式成立了电气工程系，同时建立了奥古斯塔斯·洛厄尔实验室。自

1921 年起，该系每年入学新生人数一直为麻省理工各系之冠。

为了找到一个较好的工作并结束“光棍汉”的生活，范里华·布什在积攒了能上一年研究院的学费之后，便向麻省理工学院提出了一年之内取得电气工程博士学位的申请，在这里，他遇上了以倔强出名的杜加尔德·杰克逊教授。杰克逊教授自 1907 年起担任电气工程系的领导，一直干到了 1935 年。杰克逊教授虽然对的才能十分怀疑，但还是收他作了研究生。1916 年学业结束，布什果然如期取得学位。后来布什在回忆杰克逊教授时写道：“我从他那儿获得了帮助。虽然我们经常争论不休，而且有时争得很厉害，我还是万分感激他，尽管他的脾气令人望而生畏。”

范里华·布什的祖父是科德角商船船长，父亲是宇宙神教教士。布什精力过人，才华出众。早在图弗茨学院上学的时候，他便有了第一个

马萨诸塞州风光

专利发明—装在自行车车轮上的勘测装置。大学毕业后，他当了数学

讲师。

1919年，29岁的布什在麻省理工学院担任输电专业副教授。同时，还参加了梅福特（马萨诸塞州东部一城市）的一家小公司的工作，这个小公司就是美国第一家制造无线电元件的美国研究与发展公司。通过董事会的一系列人事变动，布什介绍他在图佛茨学院时的同宿舍同学劳伦斯·马歇作合伙人，紧接着办起了雷西昂公司。

当时的电气工程系十分偏重发电和输电方面的研究，无线电被看作是一时的新奇玩意儿。布什的一个研究生、1922届的爱德华·鲍尔斯在研究工作中需要一只特种真空管，布什便设法要他在美国研究与发展公司自行制造。结果鲍尔斯做成了几只。这件事改变了鲍尔斯以后从事电力工业方面工作的想法，他认为无线电是一个重要的新领域，决心当一名无线电工程师。

1923年，四年级学生朱利叶斯·斯特拉顿（当时还担任无线电学社的秘书，这个学社有一台能在夏威夷收听到美国本土广播的发射机）在鲍尔斯指导下，与1923届的詹姆斯·克莱普合写毕业论文。鲍尔斯、斯特拉顿和克莱普同时参加了MIT进行的最精美的一次试验，试验地点设在布扎兹海湾的朗德山。朗德山是亥提·格林——一个以世界首富却无比吝啬而出名的女人的家产。她死后，她的儿子爱德华·霍兰·罗宾逊·格林上校在庄园里修建了一座很大的楼房，把继承的产业全部花在自己的最大爱好上，例如无线电、航空、捕鲸船等等。格林上校设立了自己的无线电台，并于1923年首创了美国第一个无线电联播系统，从纽约通过无线电播出的节目，经朗德山再向新英格兰播送。

1925年，在格林上校的恳请下，MIT使用朗德山进行科学研究，并在朗德山上建立了第一个实验室，由鲍尔斯负责领导。为了解决测试天线在空中的定位问题，鲍尔斯向固特异·齐伯林公司经理、1896届校友保罗·李奇菲尔德求援，借用该公司的“五月花号”飞艇，为期二年。实验仪器都放在飞艇上，送上了高空。

空中试验带来了亟待解决的问题—排雾问题。由于朗德山雾大，导致对新的科学领域探索的困难。斯特拉顿和校友亨利·豪夫顿共同进行了关于无线电和光通过浓雾传播的研究，研究的成果是：把盐喷射到多雾的天空进行排雾。喷盐排雾法非常奏效，从而为在浓雾中驾驶飞机带来了新法。随后，他们对在浓雾中如何利用微波技术进行着研究。

在此期间，由于电力输送系统日益复杂，解决高难度的数学计算问题迫在眉睫。为此，布什一直进行数字计算机的研制工作。在他的指导下，赫伯特·斯图沃特和弗兰克·盖奇合制了一台所谓乘积积分曲线仪的手提式拟计算机。这台机子与现在数字计算机不同，它不是用来进行数字计算，而是通过测量不同的电压和机械运动进行解题。为了改进机子以便处理复杂的方程式，哈罗德·海恩泽又制造了一台计算机。当时的一位作家称这台计算机为“人造大脑”，说它“在解答人脑不能解答的复杂数学方面的能力超过了人的推理能力。”

早期计算机

不久，一台更复杂、效率更高的计算机—微分分析机研制成功，并且成为其他地方计算机制造的样机。洛克菲勒微分分析机也随之制成，这台微分分析机着实是个庞然大物，它重达100吨，装有2000只电子管、200英里长的电线和多达150台的发动机。可是它在第二次世界

大战期间发挥了重大作用，解决了有关雷达和射击指挥等问题，而且从未停过机。

但是，当时的计算机尚不能承担解决难度很大的复杂计算问题，人们不得不为之煞费苦心。一天晚上，数学系的天才诺伯特·维纳正在剧院观看演出。突然，他若有所悟，便急匆匆走出剧院，全神贯注地思考起来，研究光学计算器的想法已在他的头脑里产生。第二天，维纳把他的想法告诉了布什。根据维纳的设想，杜鲁门·格雷研制出了光电积分测试仪。另一名叫戈登·布朗的研究生也根据维纳的想法，制造出了电影积分测试仪。

虽然不能过高地估计这样一些模拟装置试制的作用，但其产生的积

蒸汽机火车头

极影响是不容忽视的，它无疑推进了人们向科学技术的深度和广度进军。例如，戈登·布朗从此开始了对自动控制器的研究，并成了这一技

术领域的主要革新家。有些教授认为，应该把传授电力的知识放在教学内容的首位，而鲍尔斯和斯特拉顿等人则主张讲授能在电力、通讯或其他电力系统方面得以应用的基本原理。为了把新理论和新工艺结合起来搬进课堂，电力工程系的教授与物理学家共同修订了课程设置。从此，MIT 学院有了电子学课程。

1952 年，出生于澳大利亚的戈登·布朗，以其杰出的工作成绩和雄辩的口才，被任命为电力工程系主任。他一到任，便果断地清除了堆在十号楼地下室的发动机和蒸汽机，因为这些机器过于陈旧，有的还是 1916 年的产品。他领导戴维·怀特等人研制成功一台可用于讲授任何一种回转式机械概念的“综合功能机”，这台机器比真空除尘器大不了多少。接着，他们与威斯汀豪斯电气公司合作制造这种机器，以供全国各地工科学校来用新法研究回转式机械之用。鲍尔斯于 1959 年担任了工程研究院院长，把改革的大旗扛到了别的系。

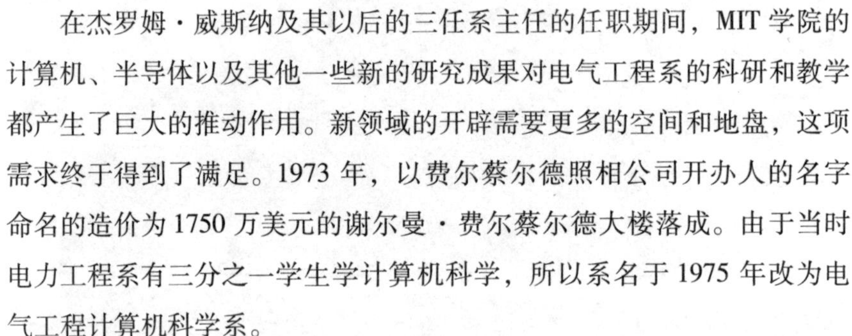

在杰罗姆·威斯纳及其以后的三任系主任的任职期间，MIT 学院的计算机、半导体以及其他一些新的研究成果对电气工程系的科研和教学都产生了巨大的推动作用。新领域的开辟需要更多的空间和地盘，这项需求终于得到了满足。1973 年，以费尔蔡尔德照相公司开办人的名字命名的造价为 1750 万美元的谢尔曼·费尔蔡尔德大楼落成。由于当时电力工程系有三分之一学生学计算机科学，所以系名于 1975 年改为电气工程计算机科学系。

国防科技研究

1940年6月14日，德国军队攻占巴黎。第二天，罗斯福总统签署了以范里华·布什为首的国防科研委员会的文件。虽然德国空军直到9月才空袭英国，但威胁已时刻存在。为此，美国不得不早作应战准备。

测速雷达装置

此时，康普顿院长肩负的解决探测问题的任务亟待完成，这里的所谓“探测”，主要指雷达装置。当时的雷达技术还不够完善，远远不能适应战争的需要。尽管美国海军已从1939年便开始在军舰上使用雷达，英国军队也有雷达作战系统，但性能都亟需改进。

国防科研委员会决定将实验室设在MIT，原因是MIT学院能胜任微波的研究工作。朱利叶斯·斯特拉顿、爱德华·鲍尔斯等人在朗德山所进行的研究使他们对微波有了更深层次的了解，1940年夏，阿尔弗霍德·路密斯等人又在纽约土克塞多庄园他私人的实验室里进一步研究微波。

康普顿院长直接领导以路密斯为科长、鲍尔斯为秘书的微波委员会。他们一致认为，提高雷达性能的主要障碍是缺少产生微波的大功率的管子，不过这一问题到9月份竟得到了解决。以亨利·泰札德爵士为首的英国代表团带着一只装满秘密文件和装置的黑色箱子来到美国。箱子里有一只共振磁控管，这只磁控管能发出10厘米微波，比路密斯等人所拥有的调速管的功率大成千上万倍。当时，英国的有关军工生产设备已经使用到了需要报废的程度，他们需要与美国合作才能制造这种大功率的磁控管和改进雷达。

在土克塞多庄园的微波委员会的研究员们看到了磁控管后，备受鼓舞。经请示康普顿院长批准，他们建立了一个专门实验室，全力以赴研制雷达。为了保密，他们把新建的实验室定名为辐射实验室。“辐射”即核物理，据此，他们便以为不会有人怀疑核物理学家也会从事军事科研活动。后来的事实证明，这种估计适得其反。辐射实验室请来的第一位科学家是1925年毕业于MIT电气工程系、当时在哈佛任教的物理学家肯尼斯·拜因布里奇。随后，又聘请了罗切斯特大学物理系主任兼艺术与科学分院院长李·杜布里奇出任实验室主任。

自1941年12月美国参战以后，实验室工作进展顺利。在此之前，雷西昂公司的珀西·斯宾塞很快研究出了改进磁控管以及简化生产的绝妙方法。贝尔电话综合实验室把做好的五只磁控管送到MIT，又把雷达

天线安装在学院6号楼的楼顶，不久以后便用于“发现”查尔斯河对岸波士顿市内的建筑物了。

随着时间的推移，实验室不断发展，在坎布里奇的建筑面积已经扩大到了15英亩，并在世界上许多地方设立了分站。工作人员多达4000人，其中五分之一是全国著名的物理学家，后来荣获诺贝尔奖金的就有4位，他们是：哥伦比亚大学的拉比、哈佛的爱德华·珀塞尔和朱利安·施温杰以及加得福尼亚大学的路易士·阿尔法雷兹。5年间，辐射实验室的工作人员付出了艰苦的劳动，也取得了重大成就，其伟大的业绩是难以衡量的。

加利福尼亚大学

从规模上看，辐射实验室的工作仅次于原子弹的研制。实验室研制了150种系统，各种专用目的几乎无所不包—探测飞机与潜艇、目障轰炸、大炮瞄准、导航等等。辐射实验室的主要任务是为科学研究工作服

务，但它的生产能力也是不可低估的，它不仅制造出一些作战设备，还为筹建制造样机的科研制品公司提供了可靠的工艺保证。此外，辐射实验室还研制出了远距导航系统，代号为“劳兰”。这种导航系统与雷达装置不同，它能发出脉冲信号，从而使得船舰或飞机能根据信号研究本身的方位。

朱利叶斯·斯特拉顿最初属于辐射实验室的理论组，后来从事“劳兰”的研制工作。在他带领机组飞往英国时，他发现飞机上的无线电系统效果很差，在飞行过程中，他发现使用低频能改进通讯系统。

科学研究发展局创建于1943年初，局长由范里华·布什担任，科南特接任国防科研委员会主席之职，迪安·莫尔兰为副主席。康普顿除了继续主管有关雷达的工作之外，还有很多工作要做，关于射击指挥的研究便是其中之一。哈罗德·海泽恩被任命为射击指挥研究室主任。

航空母舰

MIT在射击指挥的研究工作中占领先地位，是毋庸置疑的，因为它早就开始了伺服机构的研制，即在大型装置的指挥机构中应用反馈原理，伺服机构实验室要为航空母舰上的雷达提供伺服指挥仪。第一个手工制造的指挥仪装到了新近下水的勒星顿号航空母舰的桅杆上，不料指挥仪出了故障。实验室的工作人员杰伊·福雷斯特作为修理人员飞往夏威夷。当时母舰正在海上，福雷斯特在夜里爬上桅杆进行修理，为了保密不能使用手电。航空母舰在夸贾林岛海域被鱼雷击中，当时福雷斯特就在甲板上，还算侥幸，他逃回了坎布里奇。

伺服机构实验室与航空学教授查尔斯·德雷珀往来密切，当时德雷珀正在一种新型瞄准具中应用陀螺仪。英国军舰被击沉的事实充分说明了利用简单瞄准技术和电光弹打飞机的老方法已经无济于事，德雷珀教授发明了一种“鞋盒”式准星。这种准星中的陀螺进动，能自动计算出击落快速下降的俯冲轰炸机、鱼雷轰炸机以及后来出现的日本神风自杀飞机所需要的射角差。

伺服机构实验室为德雷珀的“鞋盒”式准星配制了伺服传动装置，为在1941年6月在温持拉普的希思要塞进行口径为37毫米的高射炮实弹射击指挥表演作准备。那次表演给观众留下了极为深刻的印象。德雷珀的保密仪器实验对此又作了些进一步的研究，终于制造出更为完善的准星和指挥仪。到

麦克阿瑟将军

1943 年年底，已有 8 万件准星和指挥仪在战场上使用。伺服机构实验室完成了约 50 项科研项目，仅陆军部便委托实验室制造了 3 万台高炮指挥仪。

康普顿院长研究了远离本土的太平洋部队中存在的问题。不久以后，乔治·哈里森便被任命为野战后勤部助理并前往澳大利亚，担任了西南太平洋司令部科研处长。约翰·伯查德也是后勤部长助理，他帮助太平洋战区建立了作战研究处，后来还担任了一段时间的代处长。莫尔兰辞去了国防科研委员会副主席的职务，就任麦克阿瑟将军的司令部科学技术顾问组组长。科学研究发展局太平洋办事处也在这段时间内成立，由康普顿任处长。

1943 年，卡尔·康普顿受命为科学研究发展局筹建一个野战后勤部，旨在直接参与发展局下属的各科室工作。在后勤部直接参与的许多工作中，包括在欧洲仔细寻找德国是否在从事原子弹研究的证据的特工任务。野战后勤部还担负着改变太平洋战区科学家与军方之间的紧张工作关系—在这个战区，这一点比在欧洲更成问题。

战争给 MIT 的教学带来了极大的变化。1939 年，学习普通专业的入校新生计 3000 多人，而到 1944 年春季，竟下降到 1165 人。与此同时，雷达学校等几所附属军事专科学校的人数却高达 3629 人。在部队中服务的校友总数为 8776 人，其中包括 98 位陆军将军和 52 位海军上将，牺牲的校友共 148 人。

除上述人员外，MIT 还有成百上千人从事各类科研活动。物理学教授菲利浦·莫尔斯是运筹学的关键人物，运筹学是一门把统计方法和概率数学应用于战术和战略问题的科学。MIT 研制的回旋加速器为冶金、医学和化学战研究提供了放射性示迹物质，化学工程师们从事着多种项目的研究，如燃料、燃烧弹、液压流体等。高压实验室制造了 5 台供海军部使用的检查弹药的大型 X 光机，检查的对象也包括缴获的炸弹。

同时，制氧新工艺也应运而生。

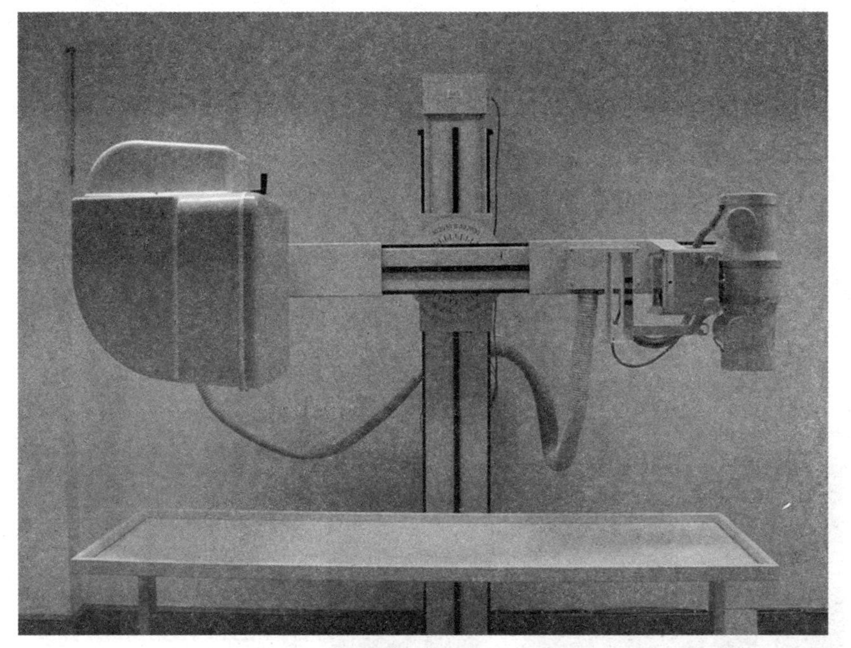

数字化 X 光机

大战期间，MIT 与科学研究发展局先后签订了 75 项合同，总金额为 11700 万美元，远远超过国内任何其他合同。全部合同都以不赔不赚为原则，这种原则是吉里安与工业合作研究室主纳撒尼尔·塞奇首创的，为其他大学树立了样板。战争结束后的总结表明，对 MIT 学院来说，净亏美元数字相当可观，至于战争带来的无形创伤则难以估计。

原子技术精英

最早负责等离子研究项目的是威廉·埃利斯，与大多数科学家不同，他是受陆军部委任，同国防科委一起，为国防部工作的一位物理学家。第一次世界大战期间，他被派往意大利搜寻敌方的科研活动情报，大战结束回国后他和桑波恩·布朗等人建立了等离子体研究小组。等离子体有时也被称为第四种状态物质的所谓离子化气体。

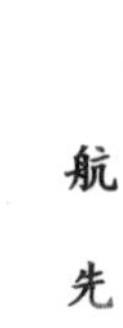

氢弹爆炸

在研究氢弹的过程中，美国同时致力于热核聚变的研究。由于热核聚变能为人类提供无穷无尽的动力，这项研究具有很大的吸引力。从理论上看，在极热的等离子体内能够获得这种聚变。当时原子能委员会正在秘密地进行这项研究，但对外只用谢伍德工程的名义。委员会要

求 MIT 的电子研究实验室承担这项极为机密的以大的等离子体为研究项目，开始却遭到了埃利斯和 MIT 的冷遇。他们认为，要实现受控热核聚变，尚需经过研究等离子体的漫长阶段。而且在研究过程中，科学家之间的情报交流应该更多，而不是更少，更不是相互封锁。看来，MIT 的看法是有道理的。最后，大多数原子能委员会的研究工作都是非保密性的。

不久，电子研究实验室参与了这项热核聚变研究工作，地点在比特国家磁体实验室。弗兰西斯·比特是物理学家，应康普顿院长之请来到

原子弹爆炸

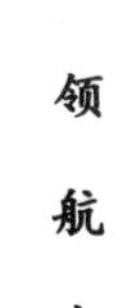

了 MIT。他研制出了一种磁体，这种磁体在水中冷却后可用以获得前所未有的磁场功率。他还同以杰明·莱克思为首的固体物理研究室合作，进行了有重要意义的研究。当时，固体物理实验室是林肯实验室的一个机构，到了 1960 年，共同研究结束之后，便成立了磁体实验室，由于

热核聚变反应必须在强磁场范围内进行，磁体实验室便为物理学家、核工程师、电气工程师等人员进行实验提供了理想的条件。

沃伦·刘易斯教授等7位科学家参与了原子弹研制工作准备阶段的各项研究。与此同时，阿瑟·康普顿主持的冶金工程处的工作人员在芝加哥大学的一个球场建立了一座原子反应堆，目的是确定能否得到链式反应。为了进行这项实验，需要提供60吨铀。在当时，铀主要用于为

核反应堆

陶器上釉彩，市面上很少供应。铀的来源之一是马萨诸塞州贝克莱的氢化金属公司，由彼得·亚历山大担任该公司的经理。由于库存的铀粉是一种有毒物质，并且经常自燃，阿瑟·康普顿指令冶金学教授约翰·奇普曼设法将铀粉制成块状，并保证对芝加哥大学的原子反应堆每天需铀几百磅的足量供应。奇普曼和阿尔伯特·考夫曼副教授在胡德冰淇淋厂的红砖房内开辟了一个铸造车间—当年的冰淇淋厂，现在已变为高压实

验室了。

奇普曼后来被调到芝加哥，担任冶金工程处冶金小组组长，接替奇普曼负责坎布里奇工作的是另一位冶金学教授莫里斯·科恩。

当阿瑟·康普顿和安利科·费米建立原子反应堆时，其他地方正在研究如何生产铀235和钚—原子弹主要起爆物质。刘易斯教授被任命为利用其他物质引爆的一个委员会的主席，参加这个委员会还有标准石油开发公司的罗杰·威廉斯和杜邦公司任职的克洛德·格林沃尔特两位MIT校友。

在各有关部门全力以赴找铀的斗争中，MIT冶金学教授安东尼·戈丁作出了具有决定意义的贡献。当时，在比属刚果可以买到低品位的铀矿石，戈丁研究出了使铀在矿石中集中起来，尔后进行开采的科学方法。后来，又有人发现在南非的金矿里有许多荒弃的岩石堆，但这种岩石中含铀量极低，几乎没有开采价值。博学多才的戈丁教授解决了这一难题。

1942年12月2日，委员会全体成员抵达芝加哥，康普顿事先没有向他们透露当天就要进行首次在原子反应堆中产生持续链式反应的试验。科学家们在芝加哥大学的网球场上建起了一座由铀和石墨组成的核反应堆。下午3时45分，这时控制杆的移开表示从裂变的铀原子中产生的中子，撞击其他原子使链式反应得以持续。康普顿领导的芝加哥大学的冶金实验室首次取得了受控制的原子核链式反应，为原子弹及核能开辟了道路。在辐射实验室，肯尼斯·杰米肖森发明了用于高速断路的充氢闸流管，这项发明对原子弹起爆十分重要。

1945年7月16日清晨5时30分，布什、科南特、格罗夫斯、奥本海默等人在17000码以外的地方目睹了有史以来世界上最大的一次爆炸试验—世界上第一颗原子弹在美国新墨西哥州的沙漠地区爆炸成功，爆炸把方圆800米内的沙粒烧成翠绿的玻璃。不过，除了军事方面的影响以外，原子能的研究对 MIT 的理工学科也起了积极的推动作用。

核动力反应堆

化学工程系在橡树岭办了一个实习学校，计划开设核工程方面的新课，这一任务由曼森·本尼迪克特于 1951 年首次担任。1955 年，曾在洛斯阿拉莫斯担任核反应堆设计委员会主席的西奥斯·汤普森到 MIT 当了教授，负责核反应堆的建造工作。1958 年夏季是反应堆的转折点，它为核工程系（本尼迪克特担任系主任）于这年诞生提供了根本条件。

核工程系最重要的学习科目是有关反应堆的安全知识，在核研究和培养工程师方面，MIT 做出了卓越成绩。汤普森是原子能委员会反应堆保护顾问组组长，写下了关于反应堆保护的权威性两卷集著作，1970 年，汤普森在内华达附近的原子能委员会实验场因飞机坠毁身亡。另一位教授是诺尔曼·纳斯墨森，他负责有关反应堆安全知识专题研究的指导，历时 2 年。当时全美国已有 55 个核动力反应堆在运转，到 1985 年，计划要达到 200 个，以帮助解决能源危机。因此，核技术研究和核技术工程师的培养是当务之急。

MIT 不断革新反应堆，为了增加射束的中子强度而停止运转一年。1975 年重新运转，至今利用率一直很高。

麻省巨人

数学天才维纳

维纳1894年11月26日生于密苏里州哥伦比亚，1964年3月18日卒于斯德哥尔摩。美国数学家和控制论的创始人。

维纳的父亲列奥·维纳是语言学家，又有很高的数学天赋。他出生于俄国，智力早熟，13岁就会好几种语言。他朝气蓬勃，富于冒险精神，18岁那年单独一个漂洋过海，移居美国。维纳刻苦自学，凭掌握40多种语言的才能，成为哈佛大学斯拉夫语教授。维纳认为他父亲是天生的学者，集德国人的思想、犹太人的智慧和美国人的精神于一身。从童年到青年，维纳一直在他的熏陶下生活，并逐步成长为一位知名学者，这位才华横溢、不畏艰难而又性情急躁的人决心要使儿子在学术上超人一等。

诺伯特·维纳

维纳没有辜负父亲的期望，他是一位有数学天才的神童，幼年时就立志成为一个富于创造力的卓有建树的数学家。事实证明，他可算是出生在美国本土上的最优秀的数学家之一。维纳大器早成，14岁时

(1909 年）就在塔夫特大学取得数学学位。

整个一生，维纳对数学以外的许多学科也怀有兴趣，特别爱好生物学和哲学。他在哈佛学哲学时对数理逻辑产生了兴趣，他 18 岁时完成的博士论文就是论述这一学科的。后来，维纳离开美国到欧洲，去剑桥和格丁根追随贝尔特兰德・罗素和大卫・希尔伯特进一步深研数理逻辑。从欧洲返美后，维纳的数学研究面更广阔了，可是他在数学领域并没有什么突出成绩。一向爱面子的维纳思想上有些波动，他竟不能谋到一个适合于他的专门研究数学的职位，于是转而想从事哲学研究，但因人事关系复杂，未能如愿。他曾经想入军界，但没有成功，只好钻研尖端数学和世界数学难题，本想一举成名，但一直没有大的进展。这对他的刺激很大，精神有些不振，想入非非，最后还是参加了军队。战争结束后，他又重新研究数学。在 1919 年，维纳当上了麻省理工学院数学系的教授，直到去世。对这位当时 25 岁的青年来说，虽然在麻省理工学院数学系任教，但成绩平平，没有什么重要论文发表，而且性格变得有些古怪。到了 30 多岁以后，维纳才在数学领域有些建树。

诺伯特・维纳

昔日神童

维纳是一个名符其实的神童，他的父亲列奥很早就发现了儿子的天

赋，并坚信借助于环境进行教育的重要性，他从维纳一开始学习就实施明确的教育计划，用一种多少无情的方式驱使着他不寻常的儿子。

维纳三岁半开始读书，生物学和天文学的初级科学读物就成了他在科学方面的启蒙书籍。从此他兴致勃勃、爱不释卷地埋首于这些五花八门的科学读本中。七岁时，他开始深入物理学和生物学的领域，甚至超出了父亲的知识范围。从达尔文的进化论、金斯利的《自然史》到夏尔科、雅内的精神病学著作，从儒勒·凡尔纳的科学幻想小说到18、19世纪的文学名著等等，他几乎无所不读。

维纳怀有强烈的好奇心，自己学习科学，而他父亲则用严厉的态度坚持以数学和语言学为核心的教学计划。维纳极好地经受了这种严格的训练，他的数学成绩显著进步。

六岁那年，维纳有一次被A乘B等于B乘A之类的运算法则迷住了。为了设法弄清楚，他画了一个矩形，然后移转90°，长变宽、宽变长，面积并没变。维纳的拉丁语、希腊语、德语和英语也变成一种印在记忆中的书库，不论何时何处，都可以拿出来就用。在其他小男孩想当警察和火车司机的时候，维纳就渴望当一名博物学家，立志献身于科学了。

诺伯特·维纳

父母几次设法送他到学校去受教育，但不寻常的智力和训练使维纳在学校里很难被安排。他的阅读能力远远地走在书写能力的前面，他刻苦地学习并掌握了初等数学，但仍需要扳着手指做算术。直到9岁时，维纳作为一名特殊的学生才进了艾尔中学，但不满12岁就中学毕业了。维纳的父亲列奥很明智，他决定送维纳进塔夫特学院数学系就读，而不让他冒参加哈佛大学紧张的入学考试的风险，同时也避免了把一个神童送进哈佛惹起人们关注。

在数学方面，维纳已超过大学一年级学生的水平，没有什么课程能确切地适合他的要求，于是他一开始就直接攻读伽罗瓦的方程论。列奥仍然经常和儿子探讨高等数学问题，就数学和语言学来说，列奥依然是他的严师。

维纳兴趣广泛，大学第一年，物理和化学给他的印象远比数学深。他对实验尤其兴致勃勃，与好友一道做过许多电机工程的实验。他曾试图动手证实两个物理学方面的想法，一是供无线电通讯用的电磁粉末检波器，另一个设想是试制一种静电变压器。维纳的这两个想法都很出色，并且也得到了父亲列奥的赞赏。

诺伯特·维纳

第二年，维纳又被哲学和心理学所吸引，他读过的哲学著作大大超出了该课程的要求。斯宾诺莎和莱布尼茨是对他影响最大的两位哲学家，前者崇高的伦理道德和后者的多才多艺，都使维纳倾倒。他还“贪婪”地阅读了詹姆士的哲学巨著，并通过父亲的关系，认识了这位实用主义大师。在同一年，维纳又把兴趣集中到生物学方面。生物学博物馆和实验室成了最吸引他的地方，动物饲养室的管理员成了他特别亲密的朋友。维纳不仅乐于采集生物标本，而且经常把大部分时间用在实验室的图书馆，在那里阅读著名的生物学家贝特森

等人的著作。

维纳用三年时间读完了大学课程，于1909年春毕业，之后便开始攻读哈佛大学研究院生物学博士学位。维纳改学生物，并不是因为他知道自己能够干这一行，而是因为他想干这一行。从童年开始，他就渴望成为一名生物学家。但是，维纳的实验工作不幸失败了。他动手能力差，缺乏从事细致工作所必需的技巧和耐心，深度近视更是给他增添了不少麻烦。在父亲的安排下，他转到康奈尔大学去学哲学，第二年又回到哈佛，研读数理逻辑，18岁时维纳获哈佛大学哲学博士学位。

在哈佛的最后一年，维纳向学校申请了旅行奖学金并获得了批准。获博士学位之后，他先后留学于英国剑桥大学和德国哥丁根大学，在罗素、哈代、希尔伯特等著名数学家指导下研究逻辑和数学。

英国数学家罗素

罗素是维纳的主要良师益友，维纳跟他学习数理逻辑和科学与数学哲学，从这位大师身上得到许多的教益。罗素的讲授清晰晓畅，给他留下了深刻的印象。

罗素建议维纳阅读爱因斯坦在1905年发表的三篇论文，学习卢瑟福的电子理论和波尔的学说。罗素对物理学中的重要发现有着敏锐的嗅觉，他的教导使维纳牢牢记住，不仅数学是重要的，而且还需要有物理概念。

尽管维纳当时的物理学基础对于学习最新的电子理论有困难，但罗素还是鼓励他去钻研。维纳以后选择了把数学和物理、工程学结合起来的研究方向，与罗素的启迪是分不开的。爱因斯坦的论文中有一篇是论述布朗运动的，正是在这个课题上，维纳在随后的 10 年内做出了重要的数学成果。

罗素对于维纳未来的数学家生涯的另一个重要影响是向他提出，一个专攻数理逻辑和数学哲学的人最好能懂一些数学。因此，维纳选读了许多数学课程，接受了哈代等人的指导。哈代清晰、有趣和发人深思的讲演，涉及了包括勒贝格积分在内的实变函数基础和复变函数引论，给了维纳深刻的启示，并直接导致他早期生涯中的主要成就。维纳称哈代是他理想的导师和榜样。维纳原计划在剑桥读完一年，但第二学期罗素要去哈佛讲学，哈代劝告维纳应该去哥丁根大学攻读希尔伯特和兰道等人的课程。

在哥丁根大学，维纳上了兰道教授的一门群论课，并在希尔伯特的指导下研究了微分方程。希尔伯特代表着本世纪初期数学的伟大传统，是维纳所遇到的唯一真正样样精通的天才数学家。他视野广阔，善于把非凡的抽象能力和对物理现实的实事求是的认识很好地结合起来。因此，希尔伯特成了维纳所向往的数学家。

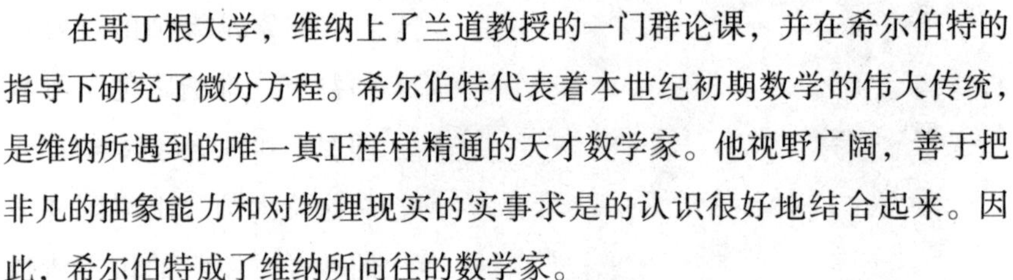

在哥丁根所受的教育使维纳终生受益。从数学名师身上，他认识到科学力量和知识深度，第一次取得了集中和热情干工作的经验，剑桥和哥丁根标志着维纳开始由一个神童而成长为青年数学家。

数学大师

1913 年，19 岁的维纳在《剑桥哲学学会会刊》上发表了一篇关于集合论的论文。这是一篇将关系的理论简化为类的理论的论文，在数理

逻辑的发展中占据一席之地，维纳从此步入学术生涯。同年，他以一篇有些怀疑论味道的哲学论文《至善》，获得哈佛大学授予的鲍多因奖。在转向函数分析领域之前，维纳在逻辑和哲学方面共发表了 15 篇论文。

1918 年，通过研读一位病逝的数学博士格林遗留的数学著作，维纳对现代数学有了进一步理解，他开始在数学领域寻找值得专心致力的问题。维纳虽是神童，但是作为一个数学家，他却姗姗来迟。这年夏天，由于哈佛大学数学系主任奥斯古德的推荐，维纳到麻省理工学院数学系任教，并一直在该学院工作到退休。

维纳开始为函数分析所吸引，决心把自己的一生贡献给它。1919 年，辛辛那提大学的年轻数学家巴纳特对他作了一次拜访，维纳请他推荐一个合适的研究课题。他叫维纳注意函数空间中的积分问题，这一建议对维纳以后的数学研究产生了重大影响。

辛辛那提大学体育中心

1920 年，维纳首次参加国际数学家会议。大会前，应弗雷歇邀请，

他俩共同工作了一段时间。维纳试图推广弗雷歇的工作，提出了巴拿赫—维纳空间理论，他意识到自己关于布朗运动所做的工作是一个很有希望的开端，因而精神更加振奋，胸襟更加开阔了。

1924年维纳升任助理教授，1929年为副教授。由于在广义调和分析及关于陶伯定理方面的杰出成就，1932年维纳被晋升为麻省理工学院正教授。

1933年，维纳由于有关陶伯定理的工作与莫尔斯分享了美国数学会五年一次的博赫尔奖。差不多同时，他当选为美国科学院院士。在他

1955年李郁荣和诺伯特·维纳（右一）

了解了这个高级科学官员组织的性质之后，感到十分厌烦，不久便辞去了自己的职位。

通常给予取得成功的美国数学家的荣誉之一，就是要求他为美国数学会《讨论会丛书》写一本书。1934年夏，维纳应邀撰写了《复域上的傅立叶变换》。不久，他当选为美国数学会副会长。只是因为他不喜欢担任行政职务，才免于被选作会长。

进入 20 世纪 30 年代后，维纳开始关注布什研究的模拟计算机。值得一提的是，中国学者李郁荣在美国曾当过维纳的助手，后来在维纳的帮助和指导下获博士学位，回国后在清华大学任教。1935—1936 年，他应邀到中国做访问教授。在清华大学与李郁荣合作，研究并设计出很好的电子滤波器，获得了该项发明的专利权。维纳把他在中国的这一年作为自己学术生涯中的一个特定的里程碑，即作为科学的一个刚满师的工匠和在某种程度上成为这一行的一个独当一面的师傅的分界点。

后来维纳对中国人民的抗日斗争非常支持，并亲自募捐声援中国人民，这充分说明他对中国人民是友好的。在第二次世界大战期间，维纳接受了一项与火力控制有关的研究工作。这问题促使他深入探索了用机器来模拟人脑的计算功能，建立预测理论并应用于防空火力控制系统的预测装置。1948 年前后，他与医学、生物和工程技术人员合作，提出控制论。在计算、通讯和自动化技术等领域有极其广泛的影响。维纳除了在哲学上有一定的修养外，主要是从事数学的教学和研究工作。他研究的课题多，范围广，对调和分析、概率论、数学逻辑等方面都有重大突破。他创立了维纳积分，并用随机过程理论解决了军事上的不少自动控制系统问题。维纳立即声名鹊起，从声誉有限的数学家一跃成为一位国际知名人士，而此时他早已年过半百。此后，维纳继续为控制论的发展和运用作出了杰出的贡献。

1959 年，维纳从麻省理工学院退休。1964 年 1 月，他由于“在纯粹数学和应用数学方面并且勇于深入到工程和生物科学中去的多种令人惊异的贡献及在这些领域中具有深远意义的开创性工作”荣获美国总统授予的国家科学勋章。

1964 年 3 月 18 日，维纳走到了生命的终点，这时候，他 69 岁零 5 个月，而他与科学和知识打交道则长达 67 年。无疑，要说有谁为科学和真理生活了一生，恐怕没有人能与诺伯特·维纳相比。对他一生作出过贡献的领域列一个单子，多少能见识这位博学的数学家在科学的田野上驰骋纵横之英姿。

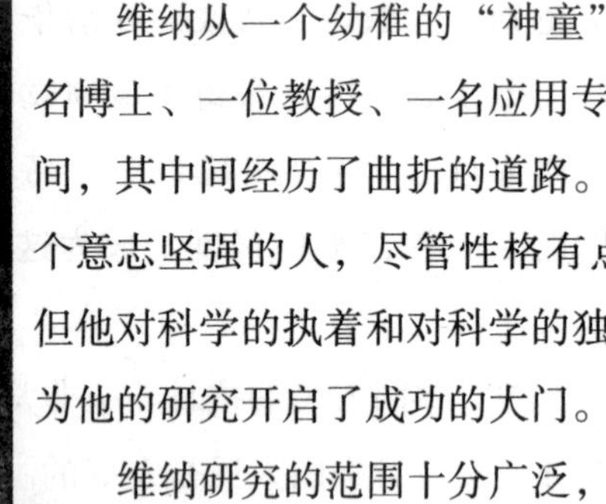

诺伯特·维纳

维纳从一个幼稚的“神童”，到一名博士、一位教授、一名应用专家其中间，其中间经历了曲折的道路。他是一个意志坚强的人，尽管性格有点古怪，但他对科学的执着和对科学的独特理解为他的研究开启了成功的大门。

维纳研究的范围十分广泛，晚年特别重视理论联系实际，这就使他在数学的应用方面做了许多开创性的工作。因此维纳一生成绩卓著，硕果累累。50年的科学研究生涯，不仅使他成为 MIT 最受爱戴和敬仰的教授，而且名扬四海，蜚声学术界。维纳的著作至今还在继续影响着许多科学领域，而且后代人把他看作一位了不起的伟大数学家是完全实事求是的。不管从哪个角度进行评价，维纳在 MIT 的工作与成就，都没有人能与他媲美。

从贫民窟走出来的科学家——拉比

来之不易的成就

拉比这位科学巨人既不是来自富豪之家，也不是出自书香门第，而是来自社会最底层的贫民窟。

美国纽约

1898 年 7 月 29 日，拉比出生在波兰境内邻近捷克和斯洛伐克的一个叫莱曼诺夫的小村庄。这个地方当时为奥匈帝国管辖，是个十分贫穷的地区。拉比一家可谓生活在饥寒交迫之中。在拉比出生的第二年，拉比 20 出头的父亲，就因生活所迫，不得不与弱妻幼子洒泪告别，远涉重洋，到美国纽约谋生。但美国并非天堂，穷富尤其悬殊，对比十分鲜明。拉比的父亲只能栖身东城的棚户区，咬紧牙关、含辛茹苦到处卖苦力，打短工，拼死拼活经过几个春秋才把妻小接到美国。拉比后来回忆他们当时所在的贫民窟的情景时说，他们住的那个地方都是穷人，多为外籍人，而且人满为患，拥挤不堪，到处是污水、垃圾，臭气熏天。人们行乞、卖身，啼饥号寒，一片惨象，真是不堪回首！

小拉比就是在这样的生活环境下度过童年的，在这样的家庭里也没能受到好的教育，仅能在街头巷尾学上几句粗俗的英语，这种境遇在他幼小的心灵中留下了毕生难忘的印象。在拉比 9 岁那年，他们一家搬到纽约郊区，他才得以进了一所小学上学。贫困与愚昧是紧紧连在一起的，拉比与别的孩子相比，上学晚了一步，在未上学时，他脑子里装有的只是一些听来的鬼神故事，拉比一旦有了学习机会就如饥似渴地扑在书本上，哥白尼的学说粉碎了他那小脑袋瓜里的各种鬼神偶像。小拉比坚信，人只要有志气、有决心和毅力，失去的一切

哥白尼

都能夺回来。他对各种知识都有浓厚兴趣，日月星辰、雾雨雷电，他都要问一个为什么，都想弄懂其中的奥秘。他父母都读书不多，知识有限，对小拉比的各种提问，往往不能回答。小拉比只好向书本求教，父母也非常支持他，热情鼓励他。大约从 10 岁开始，拉比就成了市图书馆的常客。上中学后，在拉比的生活中更形成了一种规定：每星期一去图书馆借五六本书回家，抓紧一切时间阅读，每到周末，必须全部读完，送回图书馆。刻苦的攻读大大丰富了他的头脑，使他不仅了解了社会，也有了坚实的基础知识体系。

小拉比热爱读书刻苦用功，同时还喜欢做实验。他 11 岁那年便和

哥伦比亚大学

几个小伙伴，几经周折征得有关部门同意，在几幢邻近的楼房之间进行收发电报的实验。进入中学后，拉比一面苦读，一面省吃俭用，攒集零钱，购买参考书和零件进行各种小实验，竟找到了一种制电容的新方

法。他还在一本成人杂志《现代电学》上发表了文章，这又一次显露出他对物理学的兴趣。

1919年拉比在纽约的康奈尔大学获化学学士学位。随后他从事过三年非科学的职业，于1922年开始在康奈尔大学当物理专业的研究生，后转到哥伦比亚大学继续当研究生。1927年，拉比在哥伦比亚大学以“晶体的主磁导率”论文获博士学位，从此他就长期工作于直接或间接与磁场有关的领域。在其博士论文中，他发明了一种新颖而简单的方法，用以确定单晶的感应椭球，由此可以达到极高的精确度，这一方法后来成了磁化学的基础。印度的克利希南和他的学派在这方面开展了一系列的研究工作。

1927年起拉比获哥伦比亚大学巴纳德奖学金，到汉堡斯特恩实验室工作。1929年拉比返回美国后，被任命为哥伦比亚大学的理论物理学讲师，经过几次提升1937年成为教授。

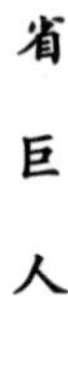

1940年，拉比借学术休假到马萨诸塞州坎布里奇的麻省理工学院，当上了该校辐射实验室的副主任，这个实验室的任务是研制雷达和原子弹。从1940年到1945年，拉比一直在麻省理工学院参与军事科学研究，他主要从事微波雷达研究。

实际上在20世纪30年代的前后，拉比几乎把全部精力都倾心于磁学、分子束流、量子力学的研究上。经过多年艰苦卓绝的不懈耕耘，终于结出了硕果，发现了著名的核磁共振方法，同时用这一方法测出了多种原子核的核动量矩。这一研究成果不仅在理论上有重大意义，而且具有广泛的应用价值。拉比的核磁共振方法发明以来，各种核磁共振仪器也先后被研制出来，在物理、化学、生理、冶金、地质等方面有着特别的用途。用于医学上的核磁共振仪器是到目前为止最先进的医学仪器，用它来检查身体各个部位简直是轻而易举，身体上的任何不正常在它的审视之下均一目了然，清清楚楚。拉比因为在这方面的杰出成就而荣获

1944 年诺贝尔物理学奖金。

拉比不仅在理论物理学方面成就卓著，他还是一位优秀的技术发明专家。在第二次世界大战期间，他参加了原子弹研制工作，是原子弹计划顾问之一。1945 年，他亲临现场，指导在新墨西哥州沙漠试验场进行的原子弹首次爆炸试验。拉比还是美国雷达研制工作的负责人之一，曾担任过美国原子能委员会顾问委员会主席。在战后年代里，拉比从事政治和教育诸方面的研究。他作为联合国教科文组织成员积极发起国际间合作以进行大规模物理实验室的建立，例如欧洲核子研究中心（CERN）的创建。他还是布鲁克海文原子研究国家实验室的奠基人之一，在那里参加了和平利用原子能的研究。1964 年，拉比成为哥伦比亚大学历史上第一个不从属于任何系科的大学教授。

担任公职

二战期间，由于部分德国纳粹的反犹太政策的反作用，拉比急切地愿意帮助美国政府准备和进行第二次世界大战。1940 年，他志愿服务于麻省理工学院辐射实验室，他很快被提升为副主任。拉比对实验室的雷达技术的进展作出了意义重大的贡献，他还非正式地向当时洛斯·阿拉莫斯原子能研究中心的主任罗伯特·奥本海默提过建议。战争结束后，他正式提出了原子钟的概念，这种技术后来被公认为是最能精确计时的。

奥本海默

拉比为政府服务，担任过各种职

务，不久后还担任了原子能委员会总顾问委员会主席。1950 年，他促进了欧洲原子能研究中心的建立，后来这一中心改称为欧洲核子研究中心。他以国防动员局科学顾问委员会主席的身份，亲自向美国总统杜鲁门和艾森豪威尔提供建议。1957 年，拉比协助、促进对国防动员局进行改组以便对美国总统作出更快的反应。

奥本海默

拉比从未忘记他对社会应该担负的责任，他认为氢弹极其大规模的毁灭作用不能使之成为大屠杀的工具。但是，他没能成功地制止氢弹的制造。他反对原子能委员会 1954 年解除罗伯特 · 奥本海默参加保密工作的批准，认为这不过是卑鄙的政治行动而不是保护机密的合法作为。

在拉比为政府服务的整个 20 世纪 40 年代和 50 年代，尤其是在 50 年代以后，拉比还抽出时间在哥伦比亚大学教学。他在自己的著作《科学：文化的中心》《*Science*：*The Center of Culture*，1970》中，吁请把自然科学同人文学科教育结合起来，以确保对科学技术的明智运用。拉比 1968 年自哥伦比亚大学退休，于 1988 年去世，享年 90 岁。

一生探索的物理学家——费因曼

1918 年 5 月 11 日，费因曼出生于纽约市。高中毕业之后，费因曼进入麻省理工学院学习，最初主修数学和电力工程，后来他在物理学中找到了最适合自己的位置。1939 年，他以优异的成绩毕业于麻省理工学院，又到普林斯顿大学念研究生。1942 年 6 月，他获得了理论物理学博士学位。

曼哈顿计划是费因曼研究生涯的起点。在洛斯阿拉莫斯，刚刚研究生毕业的费因曼跃跃欲试，他获得了一个难得的机会，同一批最伟大的物理学家和数学家一起工作，他们包括奥本海默、贝特、费米、特勒和冯·诺依曼等。

费因曼

曼哈顿工程结束后，费因曼在康奈尔大学任教。在这里，他致力于研究量子电动力学中所出现的发射问题。1950 年，费因曼接受了加利福尼亚理工学院的邀请，担任了托尔曼物理学教授。

此后他的全部时间都是在加州理工学院度过的，在那里他进行了最有成果的研究工作。在加州理工学院，费因曼作为一个传奇人物的名声确立起来。随着他越来越显示出在数学上直觉性的才能和对物理学的深刻的洞察力，“天才”这个词也越来越多地与他联系在一起了。

父亲的启蒙

在费因曼小的时候，父亲经常带他到山林中去游玩，并给他讲许多动植物的新鲜事。有时，父亲会指着树上的一只鸟对儿子说：

“那是一只斯氏鸣禽。意大利把它叫作‘查图拉波替达’，葡萄牙人叫它‘彭达波达’，中国人叫它‘春兰鹈’，日本人叫它‘卡塔诺特

鹈

克达’……你可以知道各种语言中这只鸟的名字，但最终还是一点也不懂得它。我们还是来仔细瞧瞧它在做什么吧，这才是最重要的。”

父亲问儿子："那只鸟总是啄它的羽毛，那是为什么?"小费因曼回答："大概是飞翔时弄乱了羽毛，所以要用嘴梳理整齐吧。"父亲接着说："如果是那样，那么鸟在刚落在树上时应该更勤快地啄羽毛，过一会儿就会逐渐停下来。让我们看看是不是这样。"

小费因曼发现鸟在刚落在树上和过一会儿后啄羽毛次数差不多，父亲告诉他那是因为羽毛中有虱子，鸟在啄虱子。后来，费因曼知道了这种鸟的名字并不叫"斯氏鸣禽"或"春兰鹈"，啄羽毛也不是因为有虱子，但父亲却使他从小就了解"知道一个事物的名字"和"真正懂得一个事物"的区别，学会了如何去观察各种事物，体会到探索事物奥秘的乐趣。这对费因曼后来走上科学研究的道路并取得重要成果起到了不可忽视的作用。

爱摆弄的小家伙

费因曼从小就喜欢摆弄收音机，十一二岁时，他修理收音机的技术就轰动乡里。有一次，有个人的收音机毛病挺怪，刚打开时噪声很大如吼一般，不到一会则一切正常。这人慕名来请小费因曼修理收音机，没想到所请的竟是个小孩。没办法，他只好把孩子接到家里。费因曼打开收音机一边听，一边踱步，这样走来走去大约十回合，他猛然想到可能是管子安装的次序错了，他把管子的位置交换了一下，竟然毛病没有了。于是，收音机的主人逢人便说："他想啊想地就修好了收音机!"

另外，他还自制了一种防盗警铃。他用电线把一个大电池和电铃连起来，一推房门，电线撞上电池使电路闭合，电铃就响起来。一天深夜，他父母刚推开他的房门，就被骤然响起的警铃声吓得不知所措，这时费因曼却从床上跳起来欢呼："成啦，成啦!"

童心不泯

费因曼不喜欢墨守成规，喜欢挑一条全新的路，看看自己能走多远。在普林斯顿读研究生时，他有意识地与生物学的研究生同桌吃饭聊天，由此了解生物学的知识，从而增添了对生物学的兴趣。他还兼修生物学的课程，并很快赶上了三四年级的学生。不久，他还被邀请到哈佛大学生物系作有关噬菌体的学术报告。

普林斯顿大学

1943 年，费因曼应罗伯特·奥本海墨的邀请，参加了在新墨西哥州洛斯阿拉莫斯进行的原子弹研制工程的工作。在这个基地里，他是负责分离铀同位素课题的，手下有 4 个人。当时，严格的保密制度及其信检制度，成了费因曼寻开心的对象。在与父亲或与妻子的通信中，费因曼经常用一些数字、暗号或密码，时虚时实，时真时假，忙得通信站的检查官团团转，但结果是空忙一场。

一天，他发现有个工人从栅栏中钻了出去。于是他也大摇大摆地从大门出去，然后绕到那个洞口再钻进来，接着又从大门出去。如此多次往返，终于引起了守门上士的疑惑：这小子怎么只出不进！他赶忙报告上级，想把他抓起来。不料，费因曼反倒教训起门卫来："你们保安的工作是怎么做的？漏洞大得都能钻进一个人！"

费因曼从小就有猜谜解难的嗜好，后来这一嗜好发展成撬锁和开保险柜。先是撬普通弹簧锁，随着锁的技术越来越复杂，他的开锁手段也越来越高明。在洛斯阿拉莫斯，他时常会把同事和军官们的密码柜打开，拿走藏在里面的机密文件。这种闹剧，常常将人吓得半死，可他却站在一旁说风凉话，说保管法太不安全。由于基地没有娱乐场所，他的撬锁表演又没有恶意，倒为这个研究原子弹的群体增添了不少乐趣，他也因此得到一个美称——"开锁大师"。

曼哈顿工程厂房内部

在基地上养有多只警犬，它们的嗅觉都很灵敏，费因曼很想知道人的嗅觉又如何。费因曼就在参与曼哈顿工程的同时，利用空闲时间，开始对自己的嗅觉进行试验。最开始，他闻太太摸过的可乐瓶，后发展到鉴别任何人摸过的瓶子、书本和扑克牌等，居然准确率达到半数以上。他把失灵归咎于人的鼻子离地面太远，于是，他就在地板上爬来爬去，想嗅出自己走过的和没走过的地方究竟有什么区别，最终却一无所获，他这才深深叹息人的嗅觉比狗类差多了。

人类的第一次核试验是曼哈顿工程中的曲尼梯试验。试验时，费因曼等人站在离爆炸中心30公里的地方，每人发一副墨镜，用来观看爆炸场景。可费因曼却嫌戴上墨镜看不清，且认为对眼睛有伤害的紫外线是透过玻璃的，于是他不戴墨镜，干脆站在卡车的挡风玻璃后面观看。时间到了，远处巨大的白色闪光转而变成黄色，再转为橘黄色。在冲击波的压缩和膨胀作用下，形成巨大的蘑菇云……整个过程历时一分半钟，才传来了“砰”的巨响，接着是雷似的轰鸣。虽然在离试验中心

加州理工学院图书馆

10公里处也安排人，但全都奉命伏在地上。所以，费因曼认为自己是

唯一的用裸眼目击这次核爆炸的人。

从孩提时代起到读研究生，再到当教授，费因曼一直是童心未泯，喜欢观察蚂蚁和其他小昆虫。在加州理工学院任教授时，有次浴盆边上有蚂蚁在爬，费因曼见了很高兴，这给了他一个实验的极好机会，可以看看蚂蚁需要多长时间才能发现食物。于是，他把一些糖粒放在浴盆另一头，自己则静静地坐在溶室观察。等了一个下午，才有一只蚂蚁找到了糖。费因曼用彩色铅笔将第一只蚂蚁的路径标好。他说，等到将10只蚂蚁走过的路迹连成一条漂亮的曲线时，就该吃早餐啦!

在《费因曼演讲集》的扉页上，印有一张费因曼击鼓的照片。早在洛斯阿拉莫斯时，费因曼就喜欢学附近的印第安人敲鼓。练过一阵后，当他装作印第安人钻进丛林中击鼓时，竟能以假乱真。在巴西，他成为一名桑巴舞乐队的打击乐手。到加州理工学院后，还不时在一个夜总会的乐队里充当鼓手。更妙的是，他参与演奏的录音带被一位芭蕾舞女导演用作舞蹈配乐，并因此赢得了全美舞蹈设计比赛大奖，而后又在巴黎世界舞蹈设计赛上荣获第二名。当他得知，是因为音乐不能尽如人意而使该女士屈居第二时，费因曼不禁叹服巴黎人的鼓乐感:“巴黎毕竟是巴黎!”

费因曼小时候看过一本希腊人玩青蛙的故事，感到书中描写的青蛙叫声挺古怪，于是照着书上的象声词反复练，最终发觉它果然像蛙声。当费因曼到瑞典接受诺贝尔奖时，它对庄重的皇家礼仪不以为然，却喜欢学生们主持的一种独特仪式。这是授予每位获奖者一枚“蛙式勋章”，接受者必须学一声青蛙叫，毋庸置疑，受奖者中叫得最好的，当数费因曼。

更胜一筹

1949年，费因曼访问巴西。一天，在餐馆里遇到一个兜售算盘的日本人。这个日本人说他的珠算速算天下无敌，这下激起了费因曼的兴

加州理工学院

趣，决定与之比试一下。一个用珠算，一个用心算。在做加法和乘法时，日本人得胜了，之后又提议比除法，可没想到问题越难，对费因曼越有利，做除法时，两人旗鼓相当。再比开立方，当日本人额头上冒出汗珠才得出整数部分时，费因曼已精确地算到小数后面三位了。

1952年，费因曼出任加州理工学院教授。不久，他应邀参加贝彻教授主办的晚会。贝彻非常了解费因曼的好胜心，为了治治这个年轻

人，他事先关照在中国长大的史密斯太太，请她用中国话接待费因曼。当费因曼登门时，贝彻马上向他引荐史密斯太太，史密斯太太边施礼边用汉语打招呼："先生，您好!"费因曼毫无准备，但他反应极快地答道："俚豪——呵!"这一来，反使这位太太大为吃惊起来："天哪！我说中国普通话，他居然会说广东话!"

荣获诺贝尔奖

战争结束后，1945 年秋天开始，费因曼担任了康奈尔大学物理学的助理教授，并开始认真研究量子电动力学。1952 年，费因曼加入了加州理工学院教师的行列，他在那里继续研究量子电动力学，还研究了超冷氦的性质、纳诺技术（分子级技术）的可能性，并就由粒子加速器创造出来的新粒子的本质与其他物理学家进行合作研究。1965 年，他与哈佛大学的朱利安·施温格和日本的朝永振一同获诺贝尔物理学奖，同时有关量子电动力学的成就也得到了嘉奖。作为量子动力学中的研究成果，费因曼制定了图示法，也称"费因曼图"，来跟踪研究粒子的相互作用。

一度想拒绝领奖

费因曼是一位科学研究工作者，他不喜欢伴随获奖而来的各种采访和社交活动，这些活动在一定程度上搅乱了他们井然有序的研究工作和平静的生活。

1965 年，当费因曼荣获诺贝尔奖的消息传来，记者们蜂拥而至，出席各种庆典、社交集会和邀请他发表演讲的请柬也像雪片一样纷至沓来。为此他烦恼不已，他甚至想拒绝领取诺贝尔奖。

他认为：不论是从他进行研究工作的动机来说，还是就研究成果的意义而言，获奖本身都是多余的。就在他决定要放弃领奖时，他的一位朋友告诉他如果他拒绝领奖，烦恼将更多。因为那将是一条更“爆炸”性的新闻，这就必会引来更多的记者来“骚扰”他，长篇累牍的媒体报道“会把他的最后一条裤衩也扒掉”的。后来，费因曼想来想去，觉得还是应该去领取诺贝尔奖，这样可以避免更大的“骚扰”，并在此后尽量摆脱各种干扰，继续潜心于科学研究。

费因曼

其实，费因曼曾想拒绝领奖的原因并不是对诺贝尔科学奖本身的厌恶，而是对随之而来的各种“骚扰”十分反感。在诺贝尔科学奖100年的历史上，只有一次获奖者拒绝领奖的情况，他就是费因曼。

晚年生活

费因曼的第一个妻子因病在1945年6月去世了。20世纪50年代，费恩曼第二次结婚，但这次婚姻维持的时间很短。1960年，他又与格温内施·霍瓦施结婚。1960年，儿子卡尔出生。1968年，他收养了一个养女米歇尔。1978年，费因曼被诊断出患有癌症。在此后的十年中，他深受癌症反复发作的折磨。

1986年，“挑战者”号航天飞机发生了灾难性的爆炸，费因曼加入

了负责调查工作的罗杰斯委员会，并赋予它科学上的权威性，然而费因曼的调查方式很快就跟委员会产生了分歧。费因曼一度违背委员会主席

火箭助推器残骸

的意愿，直接去跟设计、制造、操作航天飞机的技术人员和发射人员交谈，收集到有关航天飞机史上遇到的所有问题的第一手资料。他确信爆炸是由橡皮环设计不合理引起的，在一次记者招待会上，费因曼用实例说明，用于火箭助推器部件上的“O”型环材料在水的冰点上变碎了，使气体进入从而导致了致命的爆炸。他只用了一个“C”型夹、一块“O”型环材料和一杯冰水就把问题解释清楚了。

1988 年 2 月 15 日，费因曼因病死于利福尼亚州的洛杉矶，生前他曾出版了 4 部演讲集，撰写了两本自传。用他自己的话来说，他是一个具有好奇性格的人，并且有着要求理解自然和解决大自然提出的各种问题的永远无法满足的愿望。

生理医学的领军——巴尔的摩

步入科学殿堂

1938 年 3 月 7 日，戴维·巴尔的摩出生于美国纽约。巴尔的摩在小时候，好奇心非常强，对各种问题总喜欢问个没完没了，母亲格特鲁·利普希茨常常给小巴尔的摩讲许多著名科学家的故事，还讲许多有趣的科学知识。来自母亲口中的故事和知识，犹如一把把钥匙，引导着巴尔的摩步入科学殿堂的大门。巴尔的摩正是在他母亲的影响和教导下，才走向人生的最高峰，在世界历史上写下了浓重的一笔。

戴维·巴尔的摩

该到上学的时候，小巴尔的摩在母亲的教育下，异常聪明，成绩在全班总是名列前茅，得到了老师和同学的喜欢和尊重。步入高中以后，随着年龄的增长，巴尔的摩兴趣越来越广泛，尤其

是对生理学方面。有时为了一个标本的采集，不怕辛劳，四处收集。就在这时，由来自大学和研究机构的专家、学者举办的夏令营正在开展。这个为中学生开办的夏令营旨在以通俗、生动、形象的语言，向孩子讲述生命的奥秘和癌症研究的意义。夏令营还让孩子们自己动手解剖兔

洛克菲勒大学

子，参加一些在中学里从来没见过的实验。夏令营激发了巴尔的摩对生物科学的兴趣，他连续三年参加了杰克逊研究室的夏令营。

1960年，巴尔的摩进入宾夕法尼亚州斯沃思莫学院，攻读生物学专业，但不久又转学化学，并取得化学学士学位。在上大学四年级之前，他曾在科德·斯普林·哈伯实验室度过了整整一个夏天。巴尔的摩进入麻省理工学院攻读生物学研究生，由于他选择的主修课为动物病毒，所以又转到了艾伯特·爱因斯坦医学院。毕业后，他返回“科德·斯普林·哈伯实验室”，之后又上了洛克菲勒大学。不久，他以优异的

成绩获得洛克菲勒大学博士学位。

永不止懈的研究者

完成了在麻省理工大学和艾伯特·爱因斯坦学院博士后的两份定额工作后，巴尔的摩终于可以独立谋职了。他在索尔克病毒研究所当了一名研究病毒的副研究员，在那里，他结识了病毒学家艾丽斯·黄。1968年，他们结为伉俪并一起返回麻省理工学院，巴尔的摩被聘为麻省理工学院微生物系副教授。

在“科德·斯普林·哈伯实验室”工作的第二个夏天，巴尔的摩

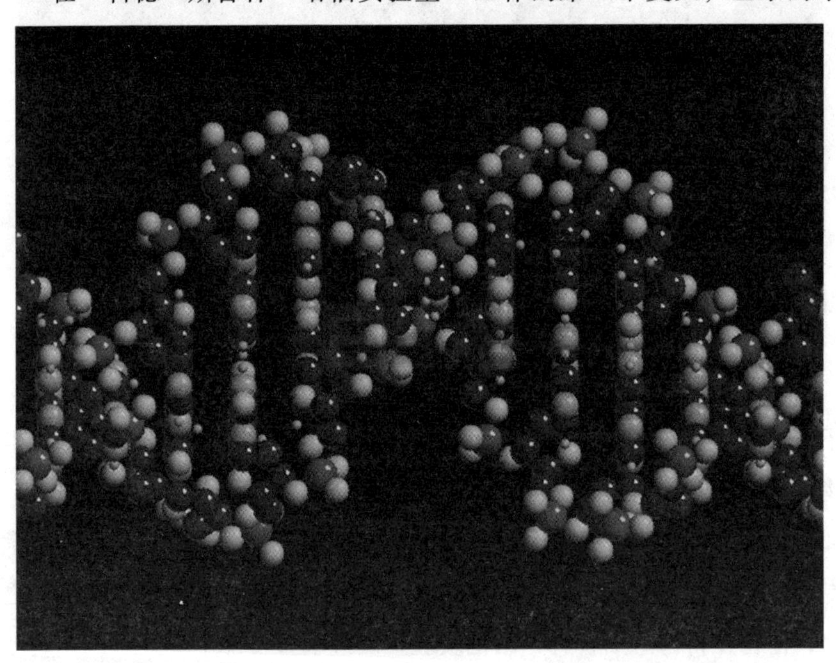

DNA和染色体

对能用核糖核酸（RNA）代替脱氧核糖核酸（DNA）作为遗传物质的病毒发生了兴趣。他想知道：“一个病毒是怎样抢夺一个细胞的化学物

质并用它复制出更多的病毒分子的?”

巴尔的摩发现马痘病毒分子包含一种酶，一旦病毒进入细胞后，这种酶就能够复制出病毒脱氧核糖核酸（DNA）。他在反转录酶中也发现了同样的酶。

反转录病毒能使动物致癌。1964 年，特明提出，肿瘤病毒若要将它们的遗传密码注入细胞的脱氧核糖核酸（DNA）中，必须是在病毒核糖核酸（RNA）能够复制出脱氧核糖核酸（DNA）的前提下。这种“前病毒”假设违反了分子遗传中心法则，所以未被广泛接受。

巴尔的摩上高中时，在杰克逊实验室里学习期间就认识了特明，彼此颇为了解。当他研究并发现了能将核糖核酸（RNA）转录为脱氧核糖核酸（DNA）的酶后，他认为他的老朋友可能是对的。特明也在做同样的研究，当时两位友人意识到他们正在独立做同样的研究后，他们决定同时发表自己的研究成果。他们发现的酶后来被称为“反转录酶”。

正是巴尔的摩研究癌症基因在细胞内的功能，通过实验用遗传的方法把普通细胞变成癌细胞，而获取了 1975 年诺贝尔生理学医学奖。获奖之后，巴尔的摩并没有停止研究，而是一如既往坚韧不拔地继续研究着反转录酶病毒，其中包括人类免疫缺陷病毒（HIV），一种可引起获得性免疫缺乏综合征（艾滋病 AIDS）的病毒，他的研究已扩展到免疫学领域。

当科学家们研究出从某个有机体中截取一段脱氧核糖核酸（DNA）并将它与另一段拼接的技术后，引起了一些恐慌。有些人认为这是很危险的。

巴尔的摩在国家健康研究院的协助下创立了重组脱氧核糖核酸（DNA）顾问委员会，并为遗传工程研究制定了更适用的规则。1996 年，他出任美国国家艾滋病战略委员会主席。1996 年 12 月，国家健康

研究院院长哈罗德·瓦慕斯委托他潜心研究艾滋病疫苗。1997 年，他被任命为加利福尼亚理工学院院长。

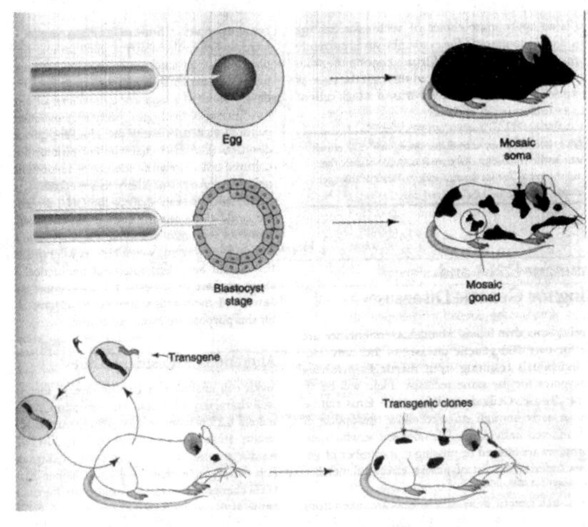

遗传学

当然，巴尔的摩的成就远不止于科学研究，在教育、管理和参与制定科学政策等领域都极有建树，在关注艾滋病、美国的“对癌战争”、基因工程可能造成的危害、干细胞研究等方面，他都是站在最前列的领导者。

巴尔的摩以超人的智慧、无比的才华、锋芒毕露的行为方式和永不妥协的执着精神使他不仅成为科学界的领袖人物和社会活动家，还参与了美国很多科学政策的制定。在美国的对癌战争、对艾滋病的关注、遗传工程学的发展与限制问题、敦促布什政府支持干细胞研究等前沿领域中，他都是领军人物。他的教育方式十分独特，既带有逼迫性质，又激发了学生的科学激情。他培养的很多学生也同他一样成为生物学各领域中的领导者，所以在他身边形成了一个强大的基因集团。

巴尔的摩案件

1986 年在巴尔的摩就任洛克菲勒大学校长期间，他的学生义麦利绪·卡瑞在著名生物学杂志《细胞》上发表了一篇文章，被人指控伪造数据。巴尔的摩为此反应激烈、态度强硬，认为科学本身不应受到审

判，一时间成为美国政界和科学界的众矢之的。以美国国会议员丁格为首的政界要人和著名科学家共同发起呼吁取消他的诺贝尔奖资格和将他逐出美国国家科学院。巴尔的摩坚持自己无罪，著名生物学家沃森曾主持一个听证会来调查此事，但以巴尔的摩拒绝出席而告终。

经济学与政治学的架桥人——罗伯特·索罗

罗伯特·索罗，美国麻省理工学院经济学教授，1976 年诺贝尔经济学奖获得者。

萌生兴趣

索罗成长在 20 世纪 30 年代，高中毕业时是 1940 年 1 月。20 世纪 30 年代的纽约布鲁克林，人人都对经济学有兴趣。其实不只是经济学而已，在他那个时代，聪明的高中学生所关心的不只是经济大恐慌的问题，也包括法西斯主义以及纳粹主义的崛起，当然那些事件都和世界经济的衰退息息相关。生活中很明显的事实是，我们社会的政治与经济无法正常运作，没有人真正知道怎么来解释这些现象，或是怎样来解决这些问题。

罗伯特·索罗

索罗在 1940 年 9 月进入哈佛大学，经济学原理是他大一的四

罗伯特·索罗

门课之一。那时，索罗压根没想到会成为经济学者，恐怕连所谓“经济学者”的职业都没听说过，其工作的内容则更不用提了。现在回想起来，索罗原本打算往生物学的领域发展，大一那年，他两个学期都选修了生物学的课程，而且都获得A。但是，他逐渐了解生物学并不适合自己，所以转而主修一般性的社会科学。在大二、大三，索罗修了社会学、人类学、心理学以及经济学等学科。

1940—1942年在哈佛大学部修习经济学期间，索罗对于美国30年代刚发生过的经济大恐慌，并没有学到一套完整的思考架构。三年后，索罗从军队退伍，几乎不假思索地回到校园，去修完大学的经济学课程。实际上，当时已没有多少时间可以让他从容地选择。虽然那时索罗表现出来的模样，好像是要把无限个单一期间效用的折现值发挥到极大化，不过这无法在他身上获得证实。

导师的教诲

1945年9月，哈佛大学仍然力行其“导师制”。每一位大三与大四的学生（当时索罗大三）都被分配到一位导师，每周会面一个小时。导师会指定一些阅读的文献，偶尔也会要求学生撰写短篇报告，两人再针对一周的功课进行讨论。索罗在哈佛的导师是里昂惕夫，也许，那纯粹是一种运气。也许是因为索罗过去的成绩良好，总是拿A，也许正好相反，导师是外国人，又是一位理论家，感觉就像是身陷于外国人聚居之区。但不管如何，这的确是索罗人生的一大转折点。从里昂惕夫身上，他了解到经济学不是一门大杂烩，而是一套建立在极严谨的理论与实证架构上的科学。在接下来的好几年间，里昂惕夫教给索罗部分架构的细节，里昂惕夫成了索罗走向经济学者之路的引导人。

在哈佛大学，甚至可能修完博士班的课程，都可以根本不懂或是不用微积分（每个人都必须念希克斯的《价值与资本》，但其中的数学附录则可省略）。索罗在高中时，数学成绩相当不错，可能算是最拿手的学科。但到了大学阶段，却从没有想过再修习这方面的课程，当然对于数学和经济学的关联，则更是一无所悉。那时哈佛似乎并不允许里昂惕夫教授教数学以及数理经济理论，而里昂惕夫教授也真的遵照规定。不过在他们每周的讨论中，里昂惕夫教授常常用这样的话当作开场白：“你应该读读这篇或那篇……可是不对，你没办法。你不懂数学。这样吧，换这一篇看看。”索罗也许反应迟钝，但绝不是笨蛋，他当然想要阅读第一流的素材。索罗马上去选修了一系列的微积分，并持续了研读数学的课程，直到足以应付每天的功课而有余。

2. $\int xe^x dx = xe^x - e^x + C$

3. $\int x^n e^x dx = x^n e^x - n\int x^{n-1} e^x dx$

4. $\int \frac{e^x}{x^n} dx = -\frac{1}{n-1} \cdot \frac{e^x}{x^{n-1}} + \frac{1}{n-1}\int \frac{e^x}{x^{n-1}} dx$

5. $\int \ln x dx = x\ln x - x + C$

6. $\int (\ln x)^n dx = x(\ln x)^n - x\int (\ln x)^{n-1}$

7. $\int x^n \ln x dx = \frac{1}{n+1} x^{n+1} \cdot \ln x - \frac{1}{(n+1)^2} x^{n+1} + C$

8. $\int \frac{1}{x\ln x} dx = \ln|\ln x| + C$

9. $\int e^{nx} \sin mx dx = \frac{e^{nx}}{m^2+n^2}(n\sin mx - m\cos mx) + C$

10. $\int e^{nx} \cos mx dx = \frac{e^{nx}}{m^2+n^2}(n\cos mx + m\sin mx) + C$

微积分公式

从里昂惕夫身上，索罗未曾学到宏观经济学，事实上，从 1945 到

1949年间，从完成大学课程到参加博士班考试这段过程中，他也未曾学过宏观经济学。不管如何，那时正处在一个转型的阶段，学校的课表上并无宏观经济学这个科目，不过有“景气循环”的课程。他修的是哈勃的课，教得非常好。哈勃所写的《繁荣与衰退》一书更是个中翘楚，索罗乐于向大家推介这本书。1950年，当索罗到麻省理工学院任教时，最先教的经济学课程中，有一门就是“景气循环”。

经济学与政治学的融会贯通

在授课之余，索罗也在研究所教景气循环这门课。当然，他自己要弄清楚，自己究竟要让学生知道哪些东西。结果确实如此，索罗开始时是教景气循环理论，举凡庇古、罗伯生、哈伯勒、卡莱奇、梅兹勒、汉森、萨缪尔逊、希克斯等各家的理论无所不包。但到最后索罗教的变成宏观经济学（及经济增长）。

假如说索罗是自学有成，但这样的说法充其量只对了一半。索罗在麻省理工学院的新同事—萨缪尔逊当然在其中，还有毕休普和布朗也都是这一个转型时代中的一分子。当凯恩斯创造出宏观经济学之际，他们是第一批感受到这股震波的学者。

罗伯特·索罗

索罗当年所欠缺的正是这种意义的宏观经济学。他在麻省理工学院和同事的对话中了解到这一点，而且他也迅速地让这种宏观经济学成为他心智世界的一部分。而那时对瑞典经济学家的著作却较为熟悉，对凯恩斯或英国的凯恩斯学派的论述反而较为陌生。在研究所的期间，索罗读过林达尔、米达尔、沃林、朗柏格，特别是威克塞尔等人的著作，这些书籍至今仍在他的书架上，索罗应该是由哈伯勒引领进入现代斯德哥尔摩学派的世界。威克塞尔是索罗自己发现的，他一直偏好他的理论，原因是在19世纪的大经济学家之中，以威克塞尔的理论和宏观经济学的精神最为接近。在《利息与价格》一书中以及对“艾克曼的问题”的附注中，索罗可以感觉到威克塞尔的观点相当接近庇古的定义。他认为如果威克塞尔能把这两者结合起来该有多好！

新凯恩斯学派经济学

在宏观经济理论中，有一派名为“新凯恩斯学派经济学”，他们努力证明，像资讯的不对称性、交易成本以及其他实际生活中的事例，如何导致在“错误”的就业与产出水平上达成均衡。他们指出，通常只要透过简单的财政与货币政策，就能够有所改善。

在索罗看来，新凯恩斯学派经济学是好坏并存。它的目标正确，分析技巧也不错。但有时他们从实际生活中所选取以及强调的现象，似乎有些牵强，不值得摆上那么重的权数。他们会如此重视这些旁枝末节，可能是因为渴望获得尊敬，同时又持一种根深蒂固的想法，那就是要受到尊敬，就必须力求接近经济学中简化假设条件的传统。这并非一无可取，也绝对优于号称“新典范”的批发商式的做法，不过，偶尔会发

生常识和传统背离的情况，但索罗会永远选择常识这一边。如果宏观经济学的主要问题是：为何在经过无可避免的实际冲击后，整个经济竟然能够长期远离充分就业的状态？那么，交易成本与资讯的不对称的问题，似乎无关紧要，不能视为问题的主要解答。

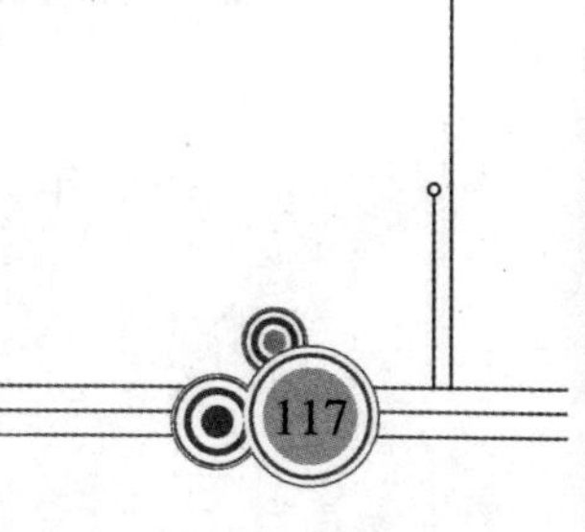

世界经济学巨匠——萨缪尔逊

1915 年 5 月 15 日，萨缪尔逊出生于美国印第安纳州的格端小镇，他父亲是弗兰克·萨缪尔逊，母亲叫爱娜。幸运之神总是眷顾萨缪尔逊，一辈子都是待遇偏高而工作量偏低。他自幼聪颖，深受父母宠爱，成绩一直名列前茅，但到了高中，学业却一落千丈。

芝加哥大学

1932 年，萨缪尔逊开始在芝加哥大学攻读经济学，而那时的经济

学还只不过是文字的经济学。萨缪尔逊天生是从事学术研究的料，在芝加哥的平均成绩是 A，在哈佛是 A，但他进入经济学的领域纯属偶然。结果证明，经济学这一行非常适合他，仿佛是历代经商先祖的基因，找到了命中注定的依靠。

初露锋芒

萨缪尔逊想要争取的荣誉无不手到擒来，而且来得很早，他在大学阶段获得大学部社会科学奖章。而就在毕业之前，社会科学研究委员会新设了一个试验性经济学奖学金计划，他成为第一个得主。并且能从容地在哈佛就读，并且各科专业课程成绩十分优异。他在芝加哥大学曾受业于奈特、威纳、舒兹、西蒙斯、道格拉斯、内夫与明兹等大师，再到

芝加哥大学

哈佛接受熊彼特、里昂惕夫、威尔逊、哈伯勒、钱伯霖与汉森的教导。在奖学金用完之前，萨缪尔逊克服了研究学会对经济学的排斥，骑在柏莱图的肩上进入初级研究员的神圣圈子。他在学会的同僚有哲学家昆恩、数学家伯克霍夫、两度获诺贝尔奖的物理学家巴定、化学家威尔逊与伍华德以及博通诸家的列文等人。他在那里阔步前进，发表论文的速度极快，连期刊都来不及刊登他那些半数学化的文章。

有人说，萨缪尔逊是由物理学家与数学家的身份出道，这并非完全正确。但他在大学时代就感觉到，数学会为现代经济学带来革命。这也许是一种直觉吧。他持续研究数学，清楚地记得第一次看到拉氏乘数的情景。如果根据最大胆的推测，他据此独立发现了埃奇沃斯—斯塔克尔伯格双头垄断的非对称解，此项见解使他得以不受纳什—库尔诺错误之解的引诱。

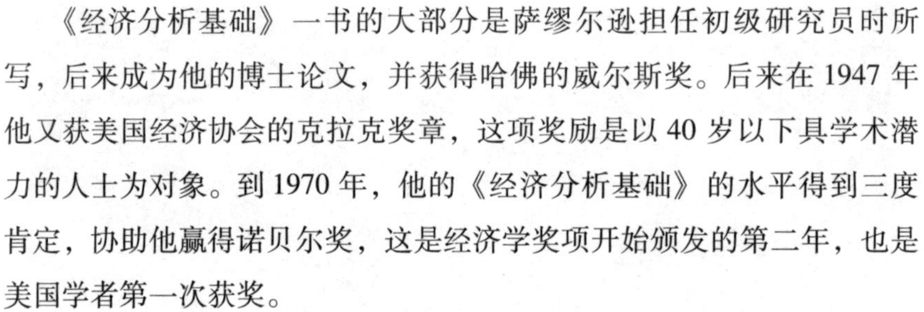

《经济分析基础》一书的大部分是萨缪尔逊担任初级研究员时所写，后来成为他的博士论文，并获得哈佛的威尔斯奖。后来在 1947 年他又获美国经济协会的克拉克奖章，这项奖励是以 40 岁以下具学术潜力的人士为对象。到 1970 年，他的《经济分析基础》的水平得到三度肯定，协助他赢得诺贝尔奖，这是经济学奖项开始颁发的第二年，也是美国学者第一次获奖。

假如有人说萨缪尔逊在芝加哥时期如婴儿初生，那么在 1940 年 10 月，他接受麻省理工学院邀请时，又以成人之身再生了一次。麻省理工学院对萨缪尔逊的极力拉拢并未受到哈佛的阻拦。对萨缪尔逊而言，这是再好不过的事。男孩在父亲的庇荫之下永远长不大，只有在自己的土地上，才能筑起属于自己的高楼。萨缪尔逊与一些杰出同僚共同努力，终能在麻省理工学院建立世界首屈一指的经济学中心。

荣誉纷至沓来

正如赚第一个100万最困难，得到一项荣誉之后，另一项也会接踵而至。如果你已经累积了一打的荣誉学位，那么随着岁月的流逝，荣誉数目自然会加倍。萨缪尔逊的第一个荣誉学位来自芝加哥大学（他的母校，也是他不再信奉的教会）最令他感动。当哈佛授予荣誉给他本国的先知时，他也感到万分的兴奋。

萨缪尔逊先后担任计量经济学会、美国经济协会、国际经济协会副主席、主席等职。如果有银河经济俱乐部，大概他也占有一席之地。

在麻省这种经济学研究的新地方，会收到许多来自世界各地的邀

麻省理工学院

请，但萨缪尔逊倾向于不动如山。在1966年成为驻校教授之后，由于

有极佳的研究机会，而且没有固定的教学任务，他实际上又回到永久的初级研究员的阶段。既已到达乐园，他就流连忘返。

斯蒂格勒在提到萨缪尔逊 1947 年的《经济分析基础》与当时刚出版不久的 1948 年畅销教科书《经济学》时，用了以下的文字介绍："萨缪尔逊功成名就，如今要追求财富了。"不久之后，麻州贝尔蒙即可闻到燃烧房地产抵押证明的烟味。不仅于此，盖伯瑞斯在《财星》的一篇书评中曾预言，新生代的经济学将是来自《经济学》一书，结果此一预言也真的应验了。曾有人听到萨缪尔逊志得意满地自语："只要这个国家的教科书是由我写的，就让其他人去拟定法律条文吧！"这本教科书在耶鲁遭到巴克利抨击为诋毁上帝与人，结果反而为它营造了全新的声势，世界各地的销售也扶摇直上。

快乐创作

在学术与科学的领域中，萨缪尔逊所看重的报酬是能穿梭于神秘的森林中进行奇妙的探索。他 21 岁即开始撰文出版，此后从未中止，希望以后也能一直继续下去。不仅如此，萨缪尔逊在研究方面涵盖了经济学的各个领域，自称是经济学界最后一位通才，著作与教授的科目广泛，诸如国际贸易与计量经济、经济理论与景气循环、人口学与劳动经济学、财务金融与垄断性竞争、教条历史与区域经济学等等。

萨缪尔逊

当然，萨缪尔逊的思绪里永远思索着各种经济观念与关系。大文豪据称也

会灵感不继，文思永久或暂时枯竭，而他却无此困扰。他说，繁多的议题与疑问在他的脑海中萦绕，或许终生也写不完。

正如萨缪尔逊所说的那样：恰似孕妇分娩一般，他在著作出版时会有解脱之感。自己是否已经出版太多？别人尽可有他们的评断，而他自己，几乎打从心底就不曾后悔自己写过的任何篇章、论文、附注或注脚。反倒是某些编辑因耐性不足或受限于篇幅或编排的考虑，多次横加删除，令他难以释怀。

或许这意味着老餐的品味欠缺？希望不是。萨缪尔逊个人对古典诗人豪斯曼在下列对话中的观点深有同感：一位友人问豪斯曼，为何在他的有关拉丁文的选集中未选入某篇文章，“难道你不认为这篇不错吗？”“是不错”豪斯曼答道，“但对我来说还不够好。”后来，萨缪尔逊回忆道：对于重视科学界大人物或大成就的观念，萨缪尔逊一直与众不同。所以萨缪尔逊认为应就自己所面对的最急迫问题尽力而为，之后就算落入报酬率递减的情况，对应为之事尽力而为，仍是最佳的策略。

为自己工作

在萨缪尔逊的意识里，他很早就认定，学者是为自尊，也就是学者们自己所一致看重的事物而工作。然而，一旦期盼有人赞美之心稍歇，你就可以自在地为自我肯定而工作。能带来真正满足的工作，才是自认满意的工作。也许要达到这种境界，多少要有个信念，那就是一位巧匠所喜爱者，也终会获得其他人的肯定。

有人认为萨缪尔逊在热力学的领域里搅和，是想要提升经济学在科学上的正确性，或是要驳斥经济学者不能了解物理学复杂理论的说法。事实上，那种方法学上的尝试，与其说是增加名声，倒不如说是在对名誉课税。可那又怎样呢？税是我们人类为文明所付的代价。那类工作很有趣，更何况对人类知识的深度与广度均有益处。

诺贝尔经济学奖章

就更深的层面而言，一个人并非只为同僚间的美名与赞誉而工作，也不只为个人兴趣或探索之乐而工作。例如，某位生理学家的对手，并非其他著名学府的同行，他的对头是癌症。经济学家说到底也是如此。客观的真理远在彼方，纵然千辛万苦，也要设法了解。如果厌倦学术圈的勾心斗角，或是目睹民主与文明在身旁崩溃，你总是可以退隐下来，致力于追求这客观的真理。复杂的数学不会虚矫掩饰，即使闹牙疼，最佳的止痛剂莫过于把难解的景气循环或复杂的控制理论演练上几个回合。

鹰隼

在萨缪尔逊获奖后，有人问他是否高兴获得诺贝尔奖，他作了这样的回答："是的，生命中能带来纯粹乐趣的事少之又少，这件事倒真是如此。"这项荣誉对于他来说是个惊喜，而且来得很早。所以所尊敬的朋友都为他感到高兴。就算有人有什么相反的意见，萨缪

尔逊也置之不理。

当萨缪尔逊选择离开经济学领域中的主要干道，去探索费雪的生存价值或马克斯韦尔使热力学第二定律失效的魔鬼形象。他仍如鹰隼般紧盯着企业趋势与最新风潮，仍撰写经济学中许多不同领域的文章。

在年轻时，萨缪尔逊不知不觉地行事匆忙，实在是由于家庭中多位男性长辈均未尽享天年，使他自认寿数有限，加上他父亲在萨缪尔逊23岁时就英年早逝，大家认为他亦难逃此命运，也带给萨缪尔逊极为沉重的阴影。因此那时萨缪尔逊的想法是，该做的事就要趁早做。然而，现代科学却带来了改变，遗传可以经由环境加以修正。无论如何，萨缪尔逊一直身体健康。一般人在谈到科家的贡献与他们的成就时，往往低估了健康这项因素的重要性。

有机化学的杰出人物——伊利亚斯·科里

和睦的家庭环境

伊利亚斯·科里 1928 年 7 月 12 日生于美国马萨诸塞州的梅休因

美国马萨诸塞州风光

市。家里共有 4 个孩子，科里排行老四。父亲伊利亚斯是一个非常成功的商人，但他在小科里出生 18 个月后就去世了。因为年幼，科里对父亲一点印象也没有。父亲在当地很有影响，他的才华、品行受到人们的尊敬。父亲的朋友常在小科里面前讲述他父亲的事迹，并鼓励科里好好学习，长大后成为一个有出息的人，为父亲争光。科里的母亲法蒂奴是一位慈爱而坚强的女性，在 20 年代末至 30 年代大萧条和第二次世界大战的困难时期，她顽强地一个人承担起抚养和教育子女的责任。母亲的坚强性格和优良品行，令亲友和邻居们肃然起敬，赞不绝口。母亲在科里的心中是神圣而伟大的，幼年的科里暗下决心，一定要为母亲争气。

1931 年，科里一家人和他的姨妈娜茜贝及姨父约翰·萨巴搬到了一起生活。他们生活在梅休因的一所宽敞的大房子里，那里一直是科里家族团聚的地方。姨妈和姨父两人没有孩子，就把科里 4 兄妹当成是他们自己的孩子，科里他们也把姨妈和姨夫看成是第二双亲。他们共同重新组成了一个温暖、和睦的大家庭。

E. J. 科里

科里在少年时代，与许多同龄的孩子一样，喜欢足球、棒球和远足等这样一些运动，贪玩而不太愿意干活。但是，掌管家务的姨妈对他极为严厉。她认为：既然把科里他们当成自己的孩子，就应该严格地管理起来。她在给科里分配家务活时，要求科里必须认真对待，保质保量地全部完成，姨妈是决不会让小科里偷懒和蒙混过关的。

开始时科里还很不习惯，心里常常抱怨姨妈，后来日子长了，渐渐地科里也就习惯了，他干活非常认真。聪明的小科里还能通过提高工作效率赢得时间，他变成了姨妈的一个非常得力的好帮手。

求学历程

科里 5 岁时就到附近小镇的圣劳伦斯小学，这是一所教会学校，老师由修女们担任。母亲送科里到这所学校读书的目的是希望他有更多的机会弹风琴或参加学校合唱队，因为家里没有多余的钱供他学钢琴和小提琴。在姨妈的严格要求下，科里学会了有条不紊地学习，他对所有的课程都很喜欢，特别是算术课，这是小学里唯一的一门有关自然科学的课程。当然，科里对音乐也十分爱好。

12 岁小学毕业后，科里又进入了劳伦斯公立中学读书。这些学校的老师很有才干，又有丰富的教学经验，教学水平非常高，特别是他们对教育事业充满了献身精神，能够在这样的学校里学习是一件很幸福的事情。经过 4 年的学习，16 岁时科里中学毕业了。经过精心准备，1945 年 7 月科里顺利地考入了麻省理工学院。

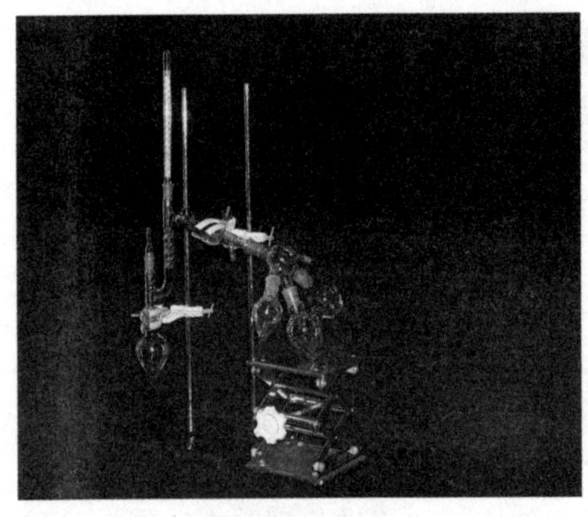

有机化学装置

当时科里只知道努力学习，多掌握一些知识，至于对未来的职业却从来没有认真地考虑过。那时电子工程是技术发展的前沿学科，十分吸引人，而且对数学要求也

很高，于是科里就选择了这一专业。

进入麻省理工学院之初，科里对所有的课程都喜欢，认真地听课。但是过了不久，情况就发生了变化，他开始对化学情有独钟了。这是因为科里的化学老师讲课十分出色又非常热心，特别是化学的每一个问题都要在实验室逐一得到验证和解决，这正是科里的兴趣所在。化学的地位在科里的心中日益提高，他不由自主地将注意力从电子工程转到了化学，特别是有机化学上。

有机化学内的规律和有机物质特殊结构能够给人以美的感受，有机物质对人体健康有重大作用，这激发了科里对这一未知领域的强烈兴趣。3 年以后，1948 年科里在麻省理工学院获得化学学士学位。在谢汉教授的建议下，科里仍留在麻省理工学院攻读研究生。

做出成绩

在麻省理工学院毕业后几十年里，科里先后在伊利诺伊大学和哈佛大学工作。他在天然产物的结构、立体化学和合成技术等方面都取得了很好的成绩，并人工合成了结构极为复杂的天然产物。1956 年初，科里被聘任为伊利诺伊大学的化学教授，当时年仅 27 岁。

然而，不幸的事接踵而来。1957 年 9 月份，科里刚到哈佛不久，姨夫约翰去世了。两天前科里还去看过姨夫，而两天后这位善良、思想高尚，被科里当做父亲一样热爱的人就永远离开人世了。回想起幼年时代在姨夫和姨妈哺育下的成长经历，回想起他们为了 4 个孩子所花费的心血，科里禁不住陷入深深的悲痛之中，泪如雨下。带着孤独和悲伤，科里迈着沉重的脚步又重新回到自己的实验室。他静静地坐着，思前想后，最终想明白了：悲痛无济于事，唯有潜心钻研，做出成绩，才是对姨夫的最好的纪念。

在哈佛大学，科里的研究小组日益壮大，同时着手许多新的科研项目。他与许多协作者合成了几百个重要的天然产物，其中包括像前列腺素这样复杂的天然产物。这些天然产物的化学结构都非常复杂，虽然植物和动物可以很容易地生产出这些结构复杂的天然产物，但在科里之前，人们运用有机化学反应生产这些产物，或者是极为困难或者是根本生产不出来。

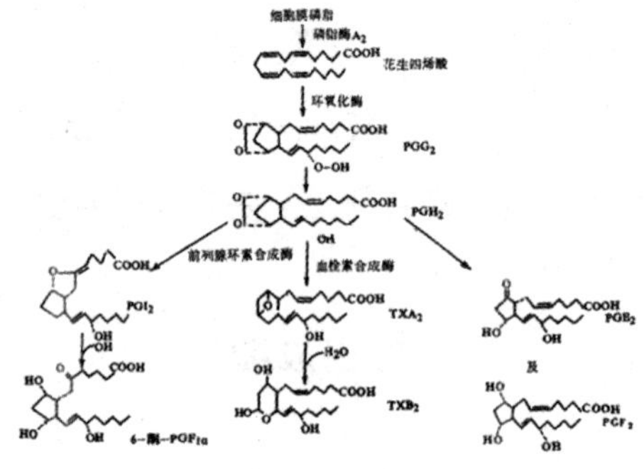

前列腺素化学结构

科里之所以能得心应手地进行天然产物的合成，关键在于他总结出一套具有严格逻辑性的“逆合成分析原理”，它是科里 1967 年提出来的。这个原理简单通俗地说，就是把要合成的天然产物的分子，在合适的键上进行分割，就好像把一部机器按零件拆开一样。这样一个大分子就被分成许多小分子，这些小分子还可以按上述原则再分成更小的分子，直到这些小小的分子构成的物质是有商品出售的有机物为止。这样，用一些结构简单的物质为原料，来合成复杂的有机物就变得非常容易了。

科里还开创性地将计算机技术应用于有机合成的设计。20 世纪 60

年代中期，他首先实现了化学结构式的计算机输入和输出，然后着手计算机逆合成分析的研究。他因有青少年学习时代对数学的青睐，为他打下了扎实而深厚的数学基础，现在发挥了重要作用。

今天，科里的“逆合成分析原理”和有机合成路线计算机辅助设计程序，已为世界各地的许多大学和科研单位所采用。为此，他被授予1990 年诺贝尔化学奖。

诺贝尔化学奖奖章

科里的姨妈和母亲已先后于 1960 年和 1970 年病逝，她们虽然未能亲眼目睹科里荣获诺贝尔奖的那一刻，但也在有生之年分享了科里取得科研成果的欢乐。这是科里对她们抚育之恩的最好报答，科里没有辜负她们的培养和期望。

在科里的研究室里，有许多来自世界各地的研究生和博士后，在那里，他们取得了大量重要的科学成果。有人戏称这些曾在科里实验室工作过的研究人员为“科里研究家族”。现在，“科里研究家族”大约有 150 名大学教授以及数量更大的制药和化学工业的科技工作者，他们组成了一个亲密合作的大家庭。正是他们的共同努力，才创造出辉煌的科学成就。

科里在谈到他如何取得科研成果时感慨地说：“能够参加学术教育和成为化学研究的领头人，特别是对许多不同国家的科学发展作出了贡献，是我的好运。我的研究家族在我的生活中起着特别重要的作用，我所获得的大部分荣誉属于这个教授家族、我的老师和同事，而与我无关。”

科里如果没有由母亲、姨父、姨妈等亲人组成的大家庭，他就不会成为一名科学家，他从这个大家庭中所得到的温暖和教育，是他一生受用不尽的“财富”。而由众多科技同行组成的大家庭，促使科里在学术上取得很多杰出成就，这个大家庭形成的合作精神和奋发探索的活力，也是科里享受不尽的乐趣所在。正是这两个幸福的大家庭，使科里一步步地向生活和事业的巅峰挺进。

中国骄傲

火箭之父——钱学森

钱学森 1911 年 12 月生，力学家。中国科学院学部委员，浙江杭州人。

性格与嗜好

一个在科学领域取得巨大成就的人，应该具有比较完善的精神品格，应该形成独立见解，形成道德约束，形成正确的人生观、价值观、是非观。只有这样，才能学有所用，才能造福人类。在这方面，钱学森是一个最具代表性的例子，正是因为他独立的精神品格，才使得他的才能得到了最大限度的发挥。

钱学森

钱学森是一个淡泊名利的人，他曾说过：“世界上最便宜的东西是钱。”他在美国曾任美国陆军上校，又是加州理工学院的终身教授，可以说是名利双收的美差。可是他为了回到祖国怀抱，毅然决然地抛弃了这一切。

钱学森还很善于与人相处，和他交往过的人都说，老钱真是一个善解人意的人，和他交往没有约束感，没有压抑感。

钱学森最喜欢的运动是“国球”——乒乓球。在20世纪50年代，容国团为我国夺得第一个世界冠军之后，钱学森一下子就迷上了乒乓球。他在工作劳累之余，经常打乒乓球轻松一下。他的办公室里还特意安放了一张球桌以供消遣。根据和他打过乒乓球的同事介绍，钱老的技术不好，但球瘾不小。

钱学森

钱学森还喜欢打太极拳，他说：“太极拳里蕴含着深奥的人生哲理，对于我们这些搞动力研究的人很有启发。”钱学森在步入老年后，逐渐退出了科研第一线，他日常生活主要研究棋类和太极拳经。他的围棋水平达到了业余六段的水平，他的太极拳也越打越好。

创立“火箭俱乐部”

1935年8月，钱学森从上海坐美国邮船公司的船离国，同船的留美同学有徐芝纶、夏勤铎等。当时钱学森的心情是：中国混乱，豺狼当道，暂时到美国去学些技术，他日回来为国效劳。到了美国入麻省理工学院航空系，成绩不但比美国学生好，而且比同班的其他外国人都好，这使他作为一个中国人而感到自豪。但是因为学工程一定要到工厂去，而当时美国航空工厂不欢迎中国人，所以一年后他决定转向航空工程理论，即应用力学的学习。于是从1936年10月起，钱学森便在加州理工

学院空气动力学教授冯·卡门直接指导和领导下学习和工作，时间近10年。

在钱学森来到加州理工学院不久的一天，有三位年轻人来到了卡门的办公室，提出了一个大胆的建议，要求卡门帮助他们建造火箭。三位年轻人中，一位名叫马利纳，是卡门指导的研究生。另外两个叫帕森的是自学成才的化学家，福尔曼是机械师。

这在当时真是有些异想天开。20世纪30年代，整个航空技术都还处于探索的阶段，更不用说航天技术了。冯·卡门被这几个年轻人的大胆设想所吸引，当天晚上就决定，同意这些年轻人在业余时间使用航空实验室从事火箭研究。

加州理工学院

卡门还答应，在必要时协助他们，做他们的顾问。不久，正在攻读博士学位的钱学森和攻读硕士学位的史密斯也参加了火箭研究工

作。他们5个人组成一个研究火箭小组，名曰“火箭俱乐部”。

火箭小组的实验工作，开始是在加州理工学院的古根罕母大楼里。在一次实验中，他们用二氧化氮作氧化剂，小火箭的发动机像个铅球挂在实验室的地下室内50英尺长的摆锤一端，摆锤的另一端系在三楼的天花板上。设计者的想法是当发动机点火时，发动机的启动会使摆锤摇摆，摇摆量便是发动机的推动力。但是，当小组在进行实验时，由于发动机点火装置出现问题，使整个大楼充满了有味气体，并给楼内留下了一层灰尘。

为了减小危害，火箭小组搬到了与古根罕母大楼相连的无人使用的水泥平台上工作。不料，实验中又发生了两次意外的连续爆炸，给古根罕母大楼带来了震动。第二次爆炸力非常大，竟然把一个定位装置高高抛起，深深打入墙壁内。很幸运，火箭小组的成员都还安然无恙。自从发生这两次爆炸后，学院的一些学生把火箭小组的“火箭俱乐部”改了名，叫做“自杀俱乐部”。

随着实验次数越来越多，其危险程度越来越大，嘈杂之声搅乱了宁静的校园，意外的爆炸声惊吓了不少师生。于是，学院的执行委员会主席、白发苍苍的罗伯特·米利根不得不通知冯·卡门，“勒令”火箭小组停止一切实验活动。

不过，他们很快在冯·卡门的带领下，在帕萨迪纳西边的阿洛约赛克找到了一块地方。理论研究照样在安静的校园里做，而发射火箭的试验，搬到空无一人的野外。在1938年这一年里，钱学森和马利纳继续研究火箭发动机的热力学特征。他们俩为测试研究结果而提出建造一个小型火箭简明发动机实验站的建议，被卡门正式批准。

钱学森在学习的同时，又从事火箭实验工作，生活节奏是相当紧张的，有时根本顾不上吃饭，喝点开水、吃个面包，一天就顶过去了。

从1938年冬到1939年，火箭小组的成员开始陆续分散。一些人直

接去参加反对纳粹德国的战争，另外一些人参加了与战争有关的科学研究工作。1939 年，钱学森结束了 3 年的研究工作并取得博士学位，留在加州理工学院任教。

钱学林从卡门的得意门生进而成为亲密的同事，声望仅在卡门之下。30 年代末到 40 年代中，冯·卡门发表的许多文章都是与钱学森共同合作的。他们还共同创造了著名的“卡门—钱公式”，这个公式第一次发现在压缩的气流中机翼在亚音带飞行时的压强和速度之间的定量关系。

1943 年，美国军方经过慎重选择，委托钱学森进行重大军事研究。同年 11 月，他和马利纳等人提出了一份《远程火箭的评价和初步分析》的研究报告，报告中提出了三种火箭导弹的设计思想。冯·卡门在同钱学森、马利纳讨论了这份报告后，决定附上自己的一份备忘录，一并送交军方，建议着手这项发展计划。

冯·卡门

1944 年 2 月 28 日，冯·卡门把拟订的新计划交给陆军军械署的技术部，这个计划被全部接受下来。为了完成这个计划，钱学森不断往来于五角大楼和加州理工学院。钱学森意识到导弹日益增长的重要性，向卡门建议，在美国设立一个“喷气式武器部”的新机构，集中研制导弹。他还建议成立一个学会来促进喷气推进技术。

在第二次世界大战中，钱学森的研究成果为美军胜利作出了巨大贡献，甚至是无法估价的贡献。为此，他曾受到美国空军部的高度赞扬。1945 年，冯·卡门受聘担任了美国空军顾问团团长。在第二次世界大战结束前夕，顾问团对希特勒火箭技术发展情况进行了考察。钱学森作为加州理工学院火箭小组的元老，曾因在第二次世界大战期间对美国的火箭研究作出过重大贡献而成为空军科学顾问团的成员，并担任要职。为参与这次考察，钱学森被美国军方授予他上校军衔。钱学森与冯·卡门一行考察了德国空军的秘密研究所和V—2火箭基地，详细地察看了研究设备，分析了技术成果，并且审讯了包括卡门的老师路德维格·普特朗在内的有关研究人员，钱学森此行开阔了眼界。他所作的关于德国考察报告，获得了当时美国空军司令亨利·阿诺德上将的通令嘉奖。

冯·卡门与钱学森

1946年暑期，冯·卡门教授因与加州理工学院当局有分歧而辞职，作为冯·卡门的学生，钱学森也离开加州理工学院。经冯·卡门推荐，钱学森回到麻省理工学院任副教授，专教空气动力学专业的研究生。1947年2月，36岁的钱学森成为麻省理工学院最年轻的正教授。此时，钱学森已经成为一位在火箭研究方面卓有成就的专家，他的工作大大促进了高速空气动力学和喷气推进科学的进展。

这时，钱学森接到父亲的来信知道父亲非常想念远方的爱子，于是他在离开祖国12年后第一次回国探亲。他看到65岁高龄的父亲身板硬朗，颇感慰藉。他还见到了他的未婚妻蒋英，此时她刚从德国留学归来，已是一位出色的歌唱家了。蒋英是蒋百里4个女儿中长得最美最聪明的一个，她是父亲的掌上明珠，父亲对女儿非常民主。蒋英从小喜欢

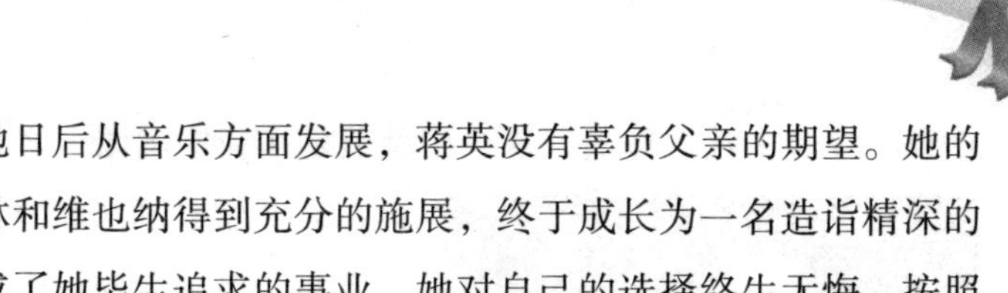

音乐，他鼓励她日后从音乐方面发展，蒋英没有辜负父亲的期望。她的音乐天赋在柏林和维也纳得到充分的施展，终于成长为一名造诣精深的音乐家。音乐成了她毕生追求的事业，她对自己的选择终生无悔。按照两家长辈的意思，钱学森此番回国的一个重要使命，便是了却两人的终身大事。

钱学森与蒋英相爱已经很久了。两个心上人久别重逢，有说不尽的甜情蜜语。此时，他们一个36岁，一个已有27岁。照世俗眼光看来，他们早已过了婚龄。但他们都是事业型的，为了各自的事业，他们的婚期一拖再拖。在这年9月，他们在上海喜结鸾俦，有情人终成眷属。婚后不久，钱学森伉俪偕行，双双回到美国。

钱学森与夫人

回国之路

钱学森在麻省理工学院任教两年之后，于1949年9月又回到加州理工学院，教授推进课程和对新的推进技术进行研究。他对于发展核能发动机的可能性深感兴趣，打算从事这方面的研究工作。而且他在这一年已经写出第一篇关于核火箭技术的出色论文，数十年后仍被公认是这个领域中一篇经典著作。

钱学森在事业上的成就丝毫没影响他对祖国的思念之情。1949年中秋节之夜，在加州理工学院校门对面的一个街心花园里，钱学森夫妇和庄丰干、岁佩森等十几位中国留学生共同欢度祖国的传统佳节。年年中秋，今又中秋。然而，这个中秋节是在新中国诞生之后的第六天（10月6日）到来的。此时此地，钱学森和大家一起尽兴欢叙，表达了对祖国的深深依恋。不久后，他就说准备回归祖国。

钱学森

正当钱学森和家人焦急地期待着1950年夏季到来——一个学年结束，可以辞退工作的时候，在朝鲜燃起了战争烽火。挑起这场战争的美国，国内正掀起一股疯狂的反共政治逆流。

1950年2月，美国的参议员约瑟夫·麦卡锡宣称说，从一个俱乐部里，他掌握了一份在国家部门里工作的205五名共产党人名单。一时间，以麦卡锡为首的狂热反共分子，对许多无辜的美国人和在美的外国人展开了追查和迫害。

加州理工学院不可避免地受到了注意。凡是1936年至1939年期间在这里生活过的人，都有被视为40年代中不可靠分子的危险。钱学森和他在火箭小组的朋友们开始受到不断的迫害。一个人因否认是共产党人而被捕入狱，其他的人大部分失去了在加州理工学院工作的机会，只得去从事不接触机密的商业活动。当联邦调查局搜查校园时，钱学森遭到了无理的询问。后来，联邦调查局又要钱学森揭发一个名叫西德尼·槐因包姆的化学研究员是共产党员，被他毫不犹豫地拒绝了。

事情还在发展中。1950年7月，军事部门吊销了钱学森参加机密研究的证书。钱学森根本无法继续进行喷气推进的研究，于是，他决定不再等待暑假的到来，立即动身回到祖国去。

钱学森首先前往华盛顿，来到丹尼尔·金布尔所在的五角大楼办公

室。金布尔作为海军次长，对钱学森在喷气中心承担的研究计划负责。钱学森将目前的工作状况告诉金布尔后，严肃声明："有鉴于此，我已经准备动身回国了。"

钱学森

金布尔听了这个消息，大吃一惊。钱学森刚一离开办公室，金布尔立即拨通电话，向移民局通知了有关情况，并恶狠狠地说："我宁可把这家伙枪毙了，也不让他离开美国！"

1950 年 8 月 23 日的午夜，钱学森一家乘飞机从华盛顿回到洛杉矶。刚一走下飞机，移民局的一个官员就迎了上去，交给钱学森一份所谓文件。文件说，根据法律，钱学森不能离开美国。本来，钱学森是准备在这里搭乘加拿大太平洋公司的飞机离开美国的，他的行李也已经装上驳船，将由 8 月 29 日从这里开往香港的美国"威尔逊总统号"运送回国。

钱学森在这种无端的迫害下，只得把飞机票退了，又回到加州理工

学院。在这时候，联邦调查局派人继续监视他的全家和跟踪他的所有行动。

与此同时，美国海关非法扣留了钱学森的全部行李。当检查人员发现行李中的板条箱里满满地装了800多公斤书籍和笔记本时，便硬说其中藏有很大的机密，声称“这个狡猾的中国人的全部活动证明他是毛的间谍。”于是，美国的一些造谣工具向全世界发布耸人听闻的消息说：一名“共产党间谍”企图携带机密文件离开这个国家。然而，经过长时间的反复检查之后，这帮家伙一无所获。检查人员不得不在向官方的报告中承认，被检查的所有书籍、笔记中，除了教科书、复印的科学杂志上的文章外，其余都是钱学森自己的学术研究记录。

9月9日，钱学森突然被联邦调查局非法逮捕，送到了移民局的拘留所内。而那条“莫须有”的罪名，仍然是“企图运输秘密的科学文件回国”，并宣布他是“不受欢迎的异己分子”。在所谓开庭审判时，洛杉矶律师格兰特·库珀为钱学森进行了辩护。辩护没有成功，这是完全在人们预料之中的事情。

在钱学森被捕的同时，钱学森的学生罗时钧和我国科学家赵忠尧、沈善炯三个人也被美军无理拘留。他们是乘坐“威尔逊总统号”轮船行至日本横滨时，被驻日美军从船上非法逮捕的。罗时钧在横滨的监狱中，从美军出版的公开报纸上，看到了钱学森在狱中的照片和消息，心情格外沉重。

世界上一切爱好和平和正义的人们，心都是相通的。当加州理工学院的师生以及各方面人士，听到钱学森被捕的消息后，立即向美国移民局提出强烈抗议。杜布里奇院长亲往华盛顿向有关方面要求释放钱学森，并由钱学森在学院的朋友们筹集了一万五千美元作为保释金。移民局在压力下，于9月22日被迫释放了钱学森。

斗争是艰苦的，然而不是孤立的。1950年10月9日，南京市的科

学家潘菽等169人联名致电联合国秘书长赖伊、美国总统杜鲁门，抗议美国无理拘留钱学森和赵忠尧等人，要求立即恢复他们的自由。同一天，广州市的科学工作者侯过等2675人分别致电联合国大会主席安迪让和美国总统杜鲁门，提出同样的抗议和要求。11月20日，北京大学理学院及工学院教授曾昭伦等48人，为美国政府非法拘留钱学森等人的事件，特致电当时正在华沙开幕的第二届世界保卫和平大会，请该会主持正义，制止美国政府的法西斯暴行。

钱学森

以后的日子里，钱学森不断得到来自祖国和人民的支持。但是美国方面仍然固执己见，不肯放人。钱学森一家只好留了下来，这一留便是5年。

在以后的整整5年内，钱学森为了减少朋友们的麻烦，深居简出，使自己经常处在和朋友们隔绝的境地。但是，钱学森并没有屈服。他不断地向移民局提出要求，坚决离开美国回国去。每当联邦调查局的人员来到他的办公室时，钱学森都对他们严加斥责和嘲讽，直到把他们撵出屋子。

在那漫长的黑暗日子里，钱学森一家受到了无数的折磨，没有一天不在盼望着回到祖国的怀抱。为了一旦时机到来，迅速回国，他租住的房子都是只签订一年的合同。因此，5年之中他搬了几次家。

钱学森妻子蒋英在回国后谈到自己和全家那个时期的生活情况时说："以后这几年的生活里，精神上是很紧张的，为了不使钱先生和孩

子们发生意外，也不敢雇用保姆，一切家庭事务，包括照料孩子、买菜烧饭，都不得不由我自己来动手。那时候，完全没有条件考虑自己在音乐方面的钻研了，只是为了不敢荒废所学，仍然在家里坚持声乐方面的锻炼而已……那几年，我们家里就摆好了三只轻便的小箱子，天天准备随时可以搭飞机动身回国。”

周总理的援助

1955 年 6 月间，钱学森在一封家书中夹带了一封短信。这封短信是写给全国人民代表大会常务委员会副委员长陈叔通的。信中钱学森请求党和人民政府帮助他早日回归祖国。

王炳南

陈叔通副委员长很快将此信送给了周总理，周总理看完信后，认为此信很有价值，对将要举行的日内瓦会谈会有用。于是，周总理通过外交部信使将钱学森的这封短信送给王炳南大使，并指示王炳南在适当的机会，用此铁证对美方代表的谎言予以回击。

果然不出所料，8 月 2 日，在王炳南大使把在中国的美侨总名单提交给美国方面以后，美方却一直没有相应地把在美国的中国人名单交给我方。特别是美方代表约翰逊大使在 8 月 2 日历时一个钟头的会谈中，一再声称美国国务院已经在这一年的 4 月间发表公告，取消了过去扣留中国留学生的法令。约翰逊还信誓旦旦地向王炳南大使保证，美国政府

对任何想回国的中国人都不加以任何限制，所有以前被命令留在美国的技术人员已经得到通知可以自由离境。

王炳南大使当即予以驳斥。他质问说："请问大使先生，既然美国政府早在今年4月间就发表了公告，为什么中国科学家钱学森博士还在6月间写信给中国政府请求帮助回国呢？显然，中国留学生要求回国依然遭受种种阻难。"

事实胜于雄辩，约翰逊理屈词穷，无言以对。钱学森的信和周总理的指示，为我国代表在日内瓦会谈中取得了主动权。因此，美国政府不得不在8月4日即中美两国大使级会谈的第三次会议当天，匆忙通知钱学森可以离美回国。

钱学森

日内瓦会谈自8月1日开始，经过六周之后于9月10日举行的第十四次会议上，两国大使就双方平民回国问题达成了协议，并发表了一项共同声明。事实上，这份1955年9月10日的共同声明，是1972年周恩来总理和尼克松总统签署上海公报之前中美两国之间达成的唯一正式协议。

8月4日，钱学森终于接到美国移民局的通知，说他被允许离开美国。美国国际合众社记者曾这样评述到："1950年，在钱学森被捕前不久，他曾打算离开美国。然而，在到达檀香山后，他被捕了，并在这以后被拘留了5年，直到艾森豪威尔政府认为他脱离国防事业已久，不再对美国构成危险。""1955年，钱获准回国。与此同时，中国方面释放了它在朝鲜战争期间俘获的11名美国飞行员。美国国务院官员一直否

认这是某种交换。”

促成钱学森得以归来的因素是多方面的，周恩来总理对于他的情况直接关心和过问，是其中非常重要的一个因素。

重回母亲怀抱

1955年9月17日，钱学森踏上归国的路程。美国总统轮船公司的“克利夫兰总统号”轮船的第60次航行，将是一次载入史册的航行。自从日内瓦会谈以来，这是第一批回归受阻的中国人搭乘这艘轮船从美国回到自己的祖国。

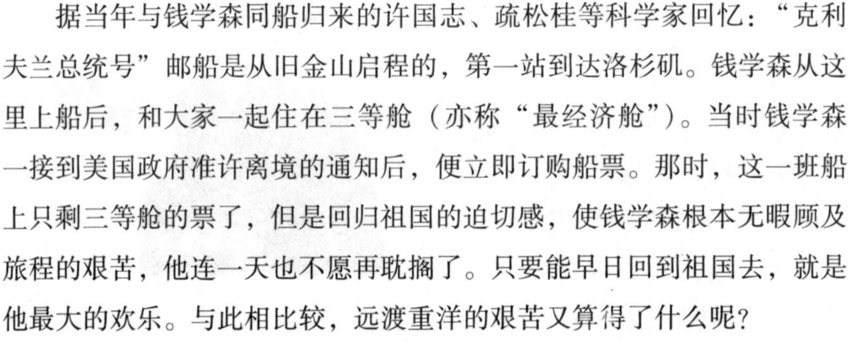

据当年与钱学森同船归来的许国志、疏松桂等科学家回忆：“克利夫兰总统号”邮船是从旧金山启程的，第一站到达洛杉矶。钱学森从这里上船后，和大家一起住在三等舱（亦称“最经济舱”）。当时钱学森一接到美国政府准许离境的通知后，便立即订购船票。那时，这一班船上只剩三等舱的票了，但是回归祖国的迫切感，使钱学森根本无暇顾及旅程的艰苦，他连一天也不愿再耽搁了。只要能早日回到祖国去，就是他最大的欢乐。与此相比较，远渡重洋的艰苦又算得了什么呢？

在轮船上，尽管环境嘈杂，极不安静，钱学森仍然抓紧时间工作和学习。一天，许国志看到钱学森正在专心致志地阅读一篇论文的抽样本，非常感动地说：“真不愧是一心扑在科学上的人啊！”

轮船行驶到日本横滨时，不少人都上岸去游览了一天，但钱学森一家没有离船上岸。钱学森知道，美军占领下的日本社会极不安定。过了日本又行数日，正是1955年10月1日，归国的华人在邮船上组织了一个国庆纪念活动。

这天清晨，钱学森在甲板上散步之后，便匆匆吃过早饭，和大家一起来到了休息室里。庆祝会在这里举行，钱学森应邀做主要发言。

钱学森略显疲劳的脸上，挂着幸福的微笑。他那有点湿润的眼睛，注视着大家动手精心制作的五星红旗。当他的目光转到参加庆祝会的人们时，一个深沉而又充满激情的声音，回荡在休息室里。他兴奋地介绍了国内的建设情况，这些材料都是他在美国时随时从报刊上收集的。然后，他又诚恳地对大家说："祖国一些机关的领导干部都是身经百战的老同志，他们对祖国解放是有功绩的。我们回国以后，一定要尊重这些老同志，虚心接受他们的领导，和他们搞好合作。"他还讲到，祖国正在建设时期，迫切需要各方面建设人才，我们大有用武之地。

五星红旗

钱学森讲完话，其他一些同志相继发言。然后，大家在一起欢快地唱呀、跳呀……

庆祝会结束后，全体同志又商拟了一份关于声讨美国政府迫害要求回国的中国科学家的书面声明，准备到达香港后向报界散发。钱学森也

参与并领导了这项工作。

声明起草完毕，他们派代表找到美国船方有关人员交涉，要求用中文打印若干份。谁知这一要求竟然被无理地拒绝了。

钱学森闻讯后，气愤地说："我们是乘客，船方有义务为乘客服务，你们根本没有理由拒绝我们的合理要求。"在他的鼓动下，船上的全体中国乘客团结起来向船方交涉和斗争。美国船方迫于正义的压力，不得不同意了他们的要求。

10 月 8 日上午 11 时 25 分，钱学森一家和同行的 30 多位中国留学生乘火车离开尖沙咀经罗湖踏上祖国大陆。离开香港之前，钱学森等 24 位中国留学生对港报发表书面谈话说："今天我们重新踏上祖国的土地，觉得无比的愉快和兴奋。在过去四五年里，因为美国政府无理的羁留，归国无期，天天在焦虑和气愤中过活。现在靠了我国政府在外交上严正有力的支持和世界爱好和平的人民在舆论上的援助，我们才能安然返国。我们向政府和所有帮助我们的人民致谢。"

晚年钱学森

经过五年多漫长岁月的艰苦力争，在党和政府的关怀下，钱学森终于从美国回到了祖国的怀抱！

到达北京的第二天清晨，钱学森就和妻子带着两个孩子来到了他们日思夜想的地方—雄伟壮丽的天安门广场。面对着巍峨的天安门城楼，他感叹道："我相信我一定能回到祖国。现在，我终于回来了！"

宇宙起源的探索者——丁肇中

丁肇中，祖籍山东省日照市。1936 年 1 月 27 日生于美国密歇根州安亚伯市。1959 年，丁肇中获美国密歇根大学工程学学士学位，1960 年，又获该校数学和物理学硕士学位，1962 年，获该校博士学位，1978 年，获该校名誉理科博士学位。

1961—1962 年，丁肇中任职于哥伦比亚大学尼文斯实验室。1963 年，他任日内瓦欧洲核子研究中心（CFRN）福特基金研修员。1964—1967 年，在哥伦比亚大学任教；1964 年，任物理学讲师；1965—1967 年，任助理教授。从 1967 年起，开始在麻省理工学院任教；1967—1968 年，任物理学副教授；1969 年起，任教授。1977 年，丁肇中任 THOMASDUDLEY CABOT 研究所教授。1970 年，他任美国物理学基本粒子和场论学术组顾问。

丁肇中

美国著名传记作家福格森在他的《名人传记百种》中写道：“丁肇中教授无疑是 21 世纪最有实力再次问鼎诺贝尔奖的人，他的研究极有助于人类解决宇宙起源的问题。”

1974 年，丁肇中在设于纽约州长岛的布鲁克黑文国家实验室进行实验的过程中发现了一种被称之为 J 粒子（也称为 ψ 粒子）的新的亚原子粒子。这是人们发现的一类新型大质理、长寿命的介子中的第一种粒子，它是由一个粲夸克和它的反夸克组成的。这种粒子的发现，使得夸克模型得到明显的扩展和改善。由于这项工作，丁肇中与几乎同时独立做出同一发现的美国人 B. 里克特共获 1976 年诺贝尔物理学奖。获奖时丁肇中正在日内瓦的欧洲核研究组织开展研究工作。1988 年以后，他领导了 L_3 实验，探寻宇宙起源的奥秘。

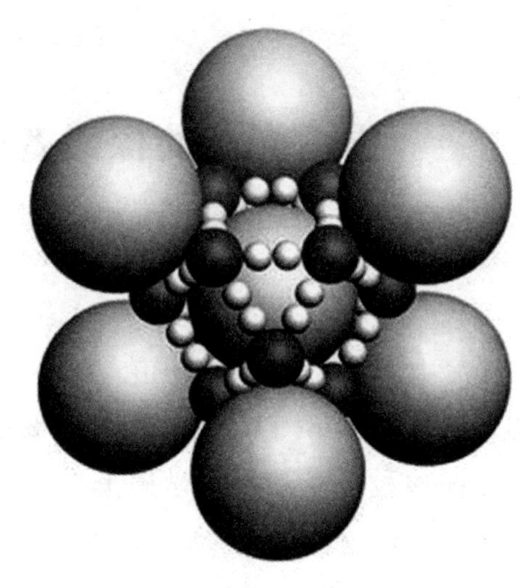

夸克模型

中国人，出生在美国，还是中国人

1936 年 1 月 27 日丁肇中出生于美国密歇根州的安亚柏市。丁肇中在谈及他自己的身世时曾十分诙谐地描述了他诞生在异国他乡的由来，他说："我出生在第二次世界大战初期，我的家庭主要由教授和革命志士组成。我的父母都希望我出生在中国，但在他们留学美国时，我提早出世，由于这个意外，我成为了美国公民。这个突来的小插曲却也影响了我的一生。"

父亲丁观海 20 世纪 30 年代初到美国密歇根大学学习土木工程，随

后王隽英也到美国，攻读教育心理学。后来，两人分别获得硕士学位。由于两家是世交，从小又相互熟悉，在异国他乡他们结为伉俪。正当他们学业有成准备回国的时候，王隽英怀孕了，似乎要提早临产。丁观海夫妇本想让第一个儿子出生在祖国，因恐怕在归国途中分娩，只好修改计划。于是父亲丁观海决定自己先回国，妻子王隽英分娩后再回国。丁肇中在美国出生两个月后，就随母亲回到老家山东省黄海之滨的日照市，这时的中国正处于水深火热之中。丁肇中在严酷的抗日战争中度过了幼年时期，回国不久便爆发了卢沟桥事变，祖国的大好河山落在日本侵略者的铁蹄之下，一场空前的大浩劫落在中国人民的头上。

幼年的丁肇中随其父母过着动荡不安的流亡生活。当时丁观海想留在山东大学任教，不料日本侵略中国，他只好被迫逃亡。1938 年 8 月 12 日，他们逃到南方，不久又流亡到了合肥，后来又辗转到芜湖、徐州、郑州、武汉、万县，最后到达我国西南部山城重庆。

今日的山城重庆

丁观海一家人在重庆住下后，生活虽然清苦，但比起流亡生活总算好多了。过了几年，丁肇中到了上学的年龄，他穿上新做的学生装高高兴兴地随妈妈去附近一所小学报到注册。上学是人生一个新的开端，但是对于丁肇中来说却是好景不长，他只上了几天便不敢去上学了。当时中国的战备力实在是太弱，尽管重庆是大后方，仍然受到日本空军的轰炸和扫射，经常发生小孩上、下学时被炸死或房屋倒塌砸死的事情。丁肇中的父母哪里会放心得下，便决定不让丁肇中上学了，由母亲在家中教他学习。

这种母子之间的交流学习，让丁肇中感到亲切和自由，他可以随心所欲提出问题，也可以从不同角度去回答问题。这对丁肇中的思维方式和学习方法形成了极大的影响。后来丁肇中回到正规学校学习，由于思维活跃，并多方面考虑问题，经常提出一些“怪”问题而使老师头痛，甚至老师还觉得他是在顽皮捣乱。

在重庆的那段日子，由于父母从事教育工作，家中经常来访的客人不是大学教授就是大学学生。他们来自全国各地，了解日本侵略者在各地的暴行和全国人民在抗日战场上英勇斗争的情况，这些都极大地激励着大后方人们的斗志。每当客人来访，丁肇中总是在旁边听父母与客人谈话，久而久之，这些谈话就成了丁肇中接受爱国主义教育的教材，这些生动的讲解在正规学校是不可能有的。从1956年丁肇中赴美学习至今已40多年，他始终不忘祖国，童年时所受的教育永远铭记在他的心中。

丁肇中

丁肇中的中学时代是在台湾度过的。1948年冬天，丁肇中全家搬到台湾，那时丁肇中已经12岁了。中学时代，丁肇中奋发读书，为长中国人的志气而努力吸收知识。

丁肇中读书非常专注，外界的干扰对他几乎没有影响。夏天大雨倾

盆、雷声隆隆，只要他专心读书就什么也听不见，真是雷打不动。丁肇中非常爱惜时间，他总是把一天的时间安排得有条不紊。中学期间很少看电影，他认为看电影是时间和金钱上的浪费。

每天晚上，丁肇中便和几个要好的同学一起去附近的师范大学图书馆学习，那里有很好的学习气氛，又很安静，他总是到图书馆关门后才回家。这样日复一日地用功，丁肇中在班级中成绩一直名列前茅。每次班级里同学们为习题争辩不休时，都会找来丁肇中，只见他摇摆着大脑袋，把问题解释得一清二楚，同学们无不佩服地赞扬道："丁大头的大头里可盛着不少才华和智慧啊！"丁肇中不仅学习成绩好，他还非常努力地锻炼身体，拥有强健的体魄。

丁肇中以优异的成绩毕业了，学校决定保送他进台湾成功大学，但是丁肇中心气比较高，他希望能进台湾的清华大学或台湾大学，丁肇中决定放弃保送参加联考。尽管他作了周密的准备，但是天有不测风云，他还是被成功大学机械工程系录取了。这对丁肇中来说，无疑是一次不小的打击。但是丁肇中从祖辈那里遗传下来的性格就是不怕失败，他很快就把情绪调整过来了，因为他有更远大的目标。

漂洋求学

1956 年夏天，美国一位科学家来丁肇中家作客，他是美国密歇根大学工业学院院长布朗教授，也是父亲丁观海 20 多年前赴美留学时认识的师长和挚友。30 年代，丁观海夫妇赴美留学，就是在密歇根大学读书的。

丁观海教授和布朗叙谈旧情时，王隽英、丁肇中在旁作陪。当他们谈得最投机的时候，王隽英插话，她向布朗教授半开玩笑似的提出了希望改变丁肇中人生道路的一件事情。她说："布朗教授，我儿子丁肇中现已念大学一年级，您可否帮忙让他去美国留学？”布朗教授听完王隽英的话，看着丁肇中那魁梧的身体，聪明伶俐的样子，不由产生一种好感。他满口答应，并表示到美国留学时可住在他家里。布朗教授素来乐于助人，他回美国后，并没有忘记丁观海夫人的嘱托，积极联系办理丁肇中赴美求学的各种手续。不久，他就把一切手续都办好了，并且很快给丁观海夫妇去信：“丁肇中赴美留学的手续已办妥，我在这里等候着丁来美深造。”丁肇中知道这一消息后，心情难以平静。面对这个意外的机遇，他浮想联翩，一种崭新生活即将在他的面前出现。

密歇根大学

丁观海夫妇只能拿出 100 美元支持丁肇中赴美留学。丁肇中带着 100 美元只身漂洋过海，而在太平洋彼岸，他只有一个熟人布朗教授。对一个 20 岁的青年来说，不能不说带有几分冒险。丁肇中之所以有那么大的胆量，是因为他仔细研究了美国社会的特点。在丁肇中眼中，他

看到了美国青年独立自主的奋斗精神，那里好多青年一到18岁就自觉地去寻找谋生道路。如果再依赖父母的话，就会被人们看成是无能的表现。凭着这一点，他产生了勇气和力量。人们完全可以想象到，他将要流下多少血汗，克服多少困难啊！

后来他在回忆这段经历时，以具体事实说明了这一点。他说："那时我英文懂得还不多，对美国的生活一无所知。在国内的时候，我在书刊上读到，许多美国学生是自己挣钱维持生活读完大学的。我告诉父母也准备这样做。"

1956年9月6日，飞机缓缓地降落在美国底特律机场。丁肇中生平第一次离开哺育他成长的祖国，踏上了异国的土地。

丁肇中一到美国就自作主张住进了密歇根大学的单身宿舍，他决心按照自己设想的道路去生活，这一改变给他的生活带来许多不方便。但他考虑到，住在布朗教授家里，生活自然会舒适一些，但舒适的生活并不能磨炼出毅力和性格。他懂得美国是个高消费的国家，100美元的价值有多大，他是心中有数的。为了安定的生活环境，他必须有一定的经费来作保证。丁肇中决心在短期内从两个方面发起进攻：第一，必须在学习上获得优异成绩，争取拿到奖学金，以此来维持学习和生活上的费用；第二，必须在短时期内获得美国学位。只有这样，才能在异国他乡站住脚跟。

密歇根大学

在布朗教授协助下，丁肇中终于领到了一笔奖学金，足够维持生活的费用，克服了初到美国所带来的生活和经济上的双重困难。丁肇中以顽强的毅力刻苦学习，在3年后拿到了数学和物理两个硕士学位，他又用两年的时间，拿到了物理学博士学位。

丁肇中到美国用5年的时间就走完了大学和研究生的生涯，而普通人通常是需要花10年的时间。有了坚实的基础，丁肇中开始向新的高峰冲击。选择科研课题时，他也颇费了一番周折。丁肇中做博士论文时曾在蒲尔教授手下做过一些实验，已经显示出他在实验物理方面很有才能，蒲尔教授劝告他从事实验物理方面的研究工作。丁肇中却在实验物理和理论物理之间拿不定主意，犹豫不定。

乔治·乌伦伯克教授是当时有名的实验物理学家，丁肇中想听听他的意见，老教授也觉得他从事实验物理工作比较合适。因为在实验中任何新的发现都是很重要的贡献，而理论工作则需要在很多实验的积累下才能产生；只有极少的理论物理学家是重要的。如果想成为一个理论物理学家，一定要极出色才行。听了老教授的一席话，丁肇中结合自己的实际情况反复思考，下定决心从事实验物理研究工作。

杨振宁

丁肇中曾师从吴健雄和杨振宁，又到西欧核子研究中心，在柯可尼手下工作，这些经历使他的实验技能有了长足的发展。为了创造出更多的学习机会，丁肇中又从西西里大学匆匆回到哥伦比亚大学。这时他从科学文献中得知一个消息，有好几个很有名的物理学家用实验发现了有违反量子电动力学的现象。丁肇中并不同意这些人的看法，他自己准备设计重新实验。他将制定好的实验计划拿给李昂德黎曼教

授。李昂德黎曼教授是当时一流的物理学家，他劝丁肇中不要在这个问题上耗费青春年华，因为这个实验即使花费三四年的时间也很难有什么结果，但丁肇中认为只需一年的时间就可以证实。李昂德黎曼教授摇头不已，否定了丁肇中的计划，双方争执不下。李昂德黎曼教授以 20 美元为赌注，向丁肇中挑战：如果他能在短时间里做出实验，就输给丁肇中 20 美元。丁肇中毫不犹豫地接受了挑战，他对此是很有把握的。

半年后丁肇中完成了他所设计的实验，验证出了那些物理学家的错误，李昂德黎曼教授自然也输了 20 美元。人们开始注视这位年轻的物理学学者了，等待他创造出更多的奇迹。

丁肇中对未来充满了必胜的信心。当时他写给父亲的信中就说道："爸爸，未来的 10 年我将有希望获得诺贝尔奖。"

1974 年 4 月丁肇中开始寻找一种新的粒子，在美国东海岸著名的布鲁克海文实验室里，丁肇中进行了异常艰苦的工作，其难度之大，丁肇中曾作过一个生动的比喻，他说："在雨季的时候，一个像波士顿这样的城市，一秒钟之内也许要降下千千万万的雨滴，如果其中的一滴雨有着不同的颜色，我们就必须找出那滴雨！"

经过了 4 个月的紧张工作，新的奇迹出现了，他发现了一个重量比质子重 3 倍的新粒子，并命名这个新粒子为 J 粒子。J 粒子的发现，开扩了人们的眼界，基本粒子家族的大门被打开了，还有很多基本粒子有待人们发现。J 粒子的发现使丁肇中一下名声大振，他成为一名了不起的物理学家。由于他独立地发现了 J 粒子，1976 年，丁肇中走上诺贝尔奖的领奖台。

科学殿堂摘硕果

1974 年以丁肇中教授为首的一批物理学家，在美国纽约州长岛的布鲁克海文国立实验室从事观察两个质子碰撞后产生的电子对的研究，其目的是想搞清楚某些基本粒子的电磁力性质。在实验中，当能量上升到31亿电子伏特时，仪器的记录突然出现了异常的现象，测量到的电子对数成倍上升。经检查，测量仪器一切完好，于是进行重复的实验，结果又都得到同样的记录。这时，他们开始意识到可能是发现了一个新的基本粒子。到了10月底，他们总共积累了500多个非常难以找到的同类事例。然而最使他们感到惊奇的是：测量数据表明，这个新粒子的能量宽度十分狭窄，但它的能量很大，是质子质量的3倍多，而新的粒子寿命又十分长，大约为10～20秒，要比典型的3000兆电子伏的强子的寿命约强1000倍，这些特点标志着它与以前发现的粒子有着本质的差别。这一突如其来的新发现，激动着每个人的心弦。这个组为了纪念丁肇中教授为首的电磁力探索上的这一发现，把这个新粒子命名为J粒子，这是因为英文大写字母J与汉字丁在字型上相似。

布鲁克海文国立实验室

经过10年的艰苦奋战，丁肇中领导的研究小组终于在物理学这个皇冠上添加了一颗珍珠。丁肇中看到眼前的J粒子，面带笑容，犹如严冬后的太阳，心里充满胜利的喜悦。他和合作者一一握手，互相拥抱，沉浸在无比欢乐之中。为了纪念美好的日子，在宣布发现J粒子之后，大家穿着印有J字的圆领运动衫在纽约长岛的布鲁克海文国家实验室合影留念。纪念照片上余秀兰博士和陈敏博士列在前排，而丁肇中却谦逊地藏在人群之中。但是，他却成了探索基本粒子科学银河中一颗突出的明亮的星。

由于丁肇中和伯顿·里希特同时在杂志上刊登他们发现新粒子的论文，科学界判定丁肇中教授和里希特博士几乎同时发现新粒子。尽管物理学界认为，丁肇中和里希特共同发现新粒子，但物理学界对这个新粒子的名称未能取得一致意见。国际学术界为了两全其美，采用了同实异名的办法。把这个新粒子称为 J/ψ 粒子。这样一来，既可表明同一个粒子，又可说明它是两个人独立发现的。

丁肇中

这两位科学家对于新粒子的发现权问题都抱着谦虚的态度。里希特博士说："丁教授的小组和我的小组突如其来地同时向基本物理学宣布 J/ψ 粒子。"丁肇中更为谦虚，他说："我们两组研究不同的两种相反作用，是相辅相成的实验。大致说，我们的方法利于搜寻新粒子，但一旦断定了核粒子的质量后，则斯坦福组的方法较利于研究它的性质。"

丁肇中教授发现新粒子，把它命名为 J 粒子，J 与汉字中丁字有相似之处，许多人都认为 J 粒子就是以丁肇中的姓而流传于世。据说，把 J 粒子当作丁粒子是诺贝尔奖金获得者李政道教授首先"发现"的。

"你把这新发现的基本粒子命名为 J · Particle，有没有什么特殊的含义?"研究生有趣地提出了这个问题。

"我们通过用字母 J 来代表电流，因为这新粒子分解为正负电子，所以就命之为 J · Particle。"丁肇中教授回答道。

丁肇中对名利不屑一顾，而把探索真理放在第一位。只是由于中国汉字与英文字母之间偶然相似，才带来这个微妙的趣闻。但是，丁粒子

的传闻确实也反映了远离祖国的海外赤子之心。海外有许多外籍中国人，他们在各行各业中取得成就时，总是把他的成就与祖国的名字联系在一起，这是多么有意义啊！

用汉语发表获奖演说

经过10年的奋斗，丁肇中取得了不菲的成就，成为世界科学精英之一。1976年，他被授予诺贝尔物理学奖。诺贝尔奖是世界上最高的科学奖赏，它是科学界超级精英的标志。丁肇中携父亲丁观海，妻子一起去瑞典斯德哥尔摩接受瑞典国王授奖。

1976年12月10日下午4时30分，开始诺贝尔授奖仪式。每一个受奖者，必须在这之前到达这里。丁肇中他们住在豪华的宾馆，这里对待领奖者以及家属都十分热情。只要他们提出要求，基金会就派出随员当向导，并派出小轿车和司机来为受奖者提供方便。

丁肇中

授奖仪式前夕，基金会派人与丁肇中教授商量有关问题。他们提出在授奖仪式上每个获奖者在会上须用本国语言发表演说。丁肇中教授说：我是中国人，需要用汉语发表演说，而会议主持者要求他用英语演说。双方争执不下，授奖仪式即将开始，这个分歧不解决就严重地影响授奖会议的召开。经过几次协商，最后达成协议：丁肇中教授的获奖演说，先用中文讲，后用英文讲。这一决定开创了获奖者可用两种语言，进行两次演说的新局面。

丁肇中用汉语首先介绍的是他如何从中国科学史的文献中吸取智慧。他说："研究光和物质的相互作用，是物理学中最早知道的课题之一。《墨子》中就有这方面的事例，20 世纪物理学的许多重大的基本发现都与研究光线有关。"

丁肇中教授获得诺贝尔奖以后，人们问他："丁教授，你为什么先用汉语而后用英语演讲呢?"丁肇中教授回答说："讲讲好玩而已。"人们不难理解，一个美籍华人在这样一个庄严而具有重大科学意义的会议上，"讲讲好玩"这句话的深刻含义。后来美国科学家罗伯特·林赛揭示了这句话的含义："丁肇中在授奖仪式上发表演说是先用汉语再用英语讲的。'讲讲好玩而已'，当时他是那样对人说的，但这也突出显示了他的民族背景。丁肇中是为美国工业和学术界工作的亚洲血统科学家和教授中杰出的人物之一。"

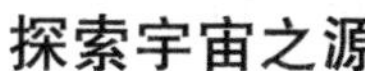

探索宇宙之源

丁肇中在获得诺贝尔奖后，他依旧在科研过程中孜孜不倦，勤勤恳恳，最突出的是模拟宇宙爆炸实验。天上星星亮晶晶，当人们在夜晚看到这些星星的时候，总会想这些星星是怎么形成的?银河系又是怎样构成的?宇宙是怎样变化的?这些问题，亘古以来就是人们百思而不得其解的问题。现代宇宙学研究者一般采用考古学的方法，它是根据古代的遗物和化石来分析产生的年代和形成宇宙的状况。尽管取得了不少成果，但争论依旧存在，还有许多未解决的问题。

丁肇中另辟蹊径，他设计一个惊人的实验，去模拟宇宙初开那一刹那间天体结构的变化，即 L_3 实验计划。

丁肇中所模拟的宇宙爆炸实验规模非常之大，他需要在地下建造一个深 1 千米，周长 27 千米的理想环境。然后将整个城市的电力（约十

亿电子伏特）输入粒子加速器，再和负电子对撞。在一亿分之一秒的对

银河系

撞过程中，将会产生惊天动地的变化。可以使温度达到太阳表面温度的几百亿倍，这完全是宇宙刚开始的条件。它将分裂出几种基本粒子，可能就是一切物质组成之源。这场史无前例规模浩大的实验需要花费大量的财力物力和人力，实验经费由 13 个国家联合承担。仪器设备和薪金需两亿美元，实验研究小组集中 400 多名优秀的高级物理学家，此外还有 1000 多名工程人员参加这一工作，他们分别来自美国、俄罗斯、瑞士、德国、法国、保加利亚等。说到这项实验的目的时，丁肇中说："L_3 实验模拟宇宙的形成，也就是大爆炸，要创造这种条件，模拟宇宙开始的情形。我们的实验和其他实验的不同之处是，能高精度地测粒子，我们将寻找粒子质量的起源，正负电子对撞，对撞产生电子、μ 子丢失的粒子，通过不同的能量寻找新粒子，这就是进行 L_3 实验的目的。"人们都期盼丁肇中能尽早得到最后结果，也希望他能通过这个实验而再次获得诺贝尔奖金。

丁肇中为了 L_3 实验舍弃了温馨的家庭。L_3 实验期间，丁肇中日日夜夜地工作着，他实在太忙了。露易丝·凯蒽再也忍受不了与丁肇中长期处于分居的生活，她提出了离异，“为了事业，这样对我们两人也许更好些”。就这样他们两人友好地分手了。后来，为了支持丁肇中博士

模拟宇宙大爆炸

的科学事业，另一位美国女子苏珊·马克斯爱上了他，他们在波士顿北部一个教堂里举行了婚礼。她说：“我第一次遇见丁，是在汉堡，听说他对科学贡献很大，于是便对中国产生了浓厚的兴趣，开始研究了中国的历史和文化。和丁婚后不久就生了一个男孩起名叫丁明童。和丁接触后学了很多物理学知识，因此，我对物理也很感兴趣。”

苏珊是位典型的贤妻良母型人，她精心照顾丈夫和儿子。此外，她还专心研究中国民族文化，获得了博士学位。曾有人问她对丁博士的看法时，她用亲切的口吻说：“他是工作、工作、再工作。”

分子光谱学专家——朱清时

1946年2月7日，朱清时出生于四川省成都市的一个知识分子家庭。父亲朱穆雍，是1940年成都华西大学社会学系的毕业生。在朱清时刚上初中的那年，母亲为了照顾父亲的身体和节约一家9口人的生活开支，把家搬到了金堂县定居。从此，11岁的朱清时被留在了成都13中住校，开始了自立的生活。艰苦的生活、无奈的孤独，小清时唯有沉浸在知识的海洋中，才会忘却压在幼小心灵上的阴霾。

朱清时

1962年，在成都市举行的首届中学生数学竞赛中，朱清时荣获一等奖。这次竞赛，不仅检验了他的数学成绩，为他的辛勤耕耘带来了收获，而且也为他带来了幸运。第二年，在他高中毕业前夕，校领导亲自批准了朱清时的入团申请，他加入了光荣的共产主义青年团组织。朱清时的入团介绍人，当

时的校团委副书记、同班同学谭廉志，后来又成了朱清时的终身伴侣。

1963 年，朱清时以优异的成绩考取了中国科学技术大学近代物理系。在大学的生活为他又揭开了新的一页，朱清时的科学家之梦因此拉开了帷幕。大学生活是他一生中最值得留念的，然而命运之神却与朱清时那一代的莘莘学子开了一个不算小的玩笑。1966 年 6 月，中国历史上一个特殊的时期开始了。当时朱清时也同当时绝大多数的中国人一样，都经历了由兴奋到迷惘转而困惑或沉思的心灵轨迹。

朱清时

1968 年 12 月，朱清时来到位于西宁市郊区的山川机床铸造厂当一名修炉工。朱清时的工作是每天晚上，爬进刚炼完铁的炉膛里，把炉壁上被烧坏的砖一块块地敲下来，再一块块地换上新的。炉膛里的余热往往在摄氏 70 ~80 度，穿着厚厚的帆布工作服，一会儿就汗如雨下，往往每次汗水都要把工作服浸得透湿。但是最令人担心的是：敲砖时，若稍有不慎，就会被掉下来的砖块砸着，落个残废。朱清时对此并非不在意，也不是不珍惜自己的生命，而是觉得：唯有一心一意地拼命干活，才能更好地接受工人阶级再教育，改造自己。

就是在这样艰苦的环境中，朱清时不但抽时间阅读大量的科技书籍，而且还翻译了《相对论的再审查》一书，书稿很快被山东大学油印出来，在国内高校和学术界流传。他的论文《论基本粒子的静止质量

随时间变大》也在当时仅有的几种自然科学学术刊物之一的《复旦学报》刊载了。

对科学的孜孜以求和辛勤劳作，终于为朱清时带来了机遇。1974年，中国科学院为跟踪国际科技发展的动向，想组织一些重大科研项目，以适应日新月异的国际科技发展需要。当朱清时得知地处西宁的中科院青海盐湖所争取到了一个重大项目的信息后，立即去拜访了该所的室主任康靖文，来了一个毛遂自荐。康靖文没有立即给出答复，而拿出一篇题为《化学中的激光》的英文论文，让朱清时翻译。几天后，当朱清时将翻译好的论文交给康靖文时，所里的领导马上拍板：这人才，我们要了。

青海盐湖

1975年元旦过后，朱清时正式来到中科院青海盐湖所工作，从此开始了向往已久的专业科研生活。1975年5月，中科院长春应用化学所主办的“激光化学讨论会”上，朱清时代表盐湖所撰写的一篇关于激光分离同位素的论文被选作在会报告，并由朱清时在会上宣读。朱清

时成为该课题组长，全面负责这一重大项目的研究。通过全组人员的共同努力，中科院青海盐湖所完成了一套高水准的原子束装置，使实验获得成功。1977 年 4 月，全国科技发展规划会议在京召开时，由于朱清时在科研上的出色表现，被中科院点名特邀参加会议，成为与会者中最年轻的代表之一，那年朱清才 31 岁。

在这次会议上，朱清时听到了一个令他怦然心动的消息：我国正在酝酿选派科技人员到西方发达国家学习，以迅速缩短我国科技同国际上的差距。对于每一位从事科研工作的人来说，能够走出国门，开阔视野，弥补科研上的差距，结识国际上的同行，都是一件求之不得的快事。朱清时也同样渴求着这样的机会，但幸运之神会再次降临到他的头上吗？

终于，机遇再次降临了。1978 年的一天，朱清时在实验室里接到中科院打来的电话，他已被选作中科院首批出国进修人员，通知他立刻去浙江大学参加中科院主办的出国人员英语培训班。1979 年 8 月，朱清时作为中科院首批出国进修生，来到位于美国华盛顿的圣巴巴拉大学从事激光激发荧光光谱研究。

圣巴巴拉大学实验室里的许多设备，朱清时在国内都没见过，连用途也不甚了解，更不要说该如何使用了。对所研究的课题，他只有一些科普级的知识，9 门主要基础课从未系统学过。至于参考文献，更似天书一般。还有

圣巴巴拉大学

口语不流利，连交流都有困难，更别说较深入地讨论了。

为了培养语言能力，朱清时从每月不多的经费中，拿出三分之一，搬到一位美国朋友家居住。为了迅速填补实验知识的空白，他放弃了一切娱乐，集中精力，找到关键问题所在，拟出问题清单，然后分别请教，把答案记下来，回来再反复推敲练习。几个月后，朱清时丰富了自己的专业知识，可以熟练操作实验仪器，而且能够自如地同大家交流讨论了。

然而，随着研究的不断深入，困扰他的难题越来越多，枯燥乏味的文献资料，不断跳出的“拦路虎”，不时地磨炼着他的心志，冲撞着他的信心。一度他也萌生出像一些访问学者那样，先学基础课，拿到学位后再搞科研，但走这条常规路，至少要用去几年的时间，最终他没有这样做。

朱清时他将重要的文献复印下来，每天反复阅读，逐句推敲，常常一篇文章反复读一二十次，直到完全弄懂为止。高强度的学习占用了所有时间，他没有节假日，更没有任何娱乐生活，但他从没有向困难低头屈服。为了节省时间和开支，顿顿吃清炖鸡块蘸酱油。

心血和汗水没有白流，辛勤的耕耘有了收获，朱清时终于能在复杂的实验器械上运用自如地做实验了。由朱清时与他人合作的、用激光做出的氢氧化钙自由基的电子激发态的高分辨光谱，定出了它的一系列精确的光谱参数及所观察到的罕见的电子运动与原子核振动的相互作用实例。后被美国宇航局和法国科学家用作确定在星际空间中存在氢氧化钙自由基的依据。

一年后，朱清时转到麻省理工学院，从事半导体激光光谱、红外多光子离解和傅立叶变换光谱的研究。此时的科研工作越来越顺手，朱清时不断取得新的成果。在麻省理工学院的一年里，他先后发表涉及分子光谱学几个前沿问题的7篇论文。在一次学术会议上，他的导师用无比

欣喜的口气向与会者介绍道：“朱清时几周内完成的工作，美国学生通常要干上一年。”

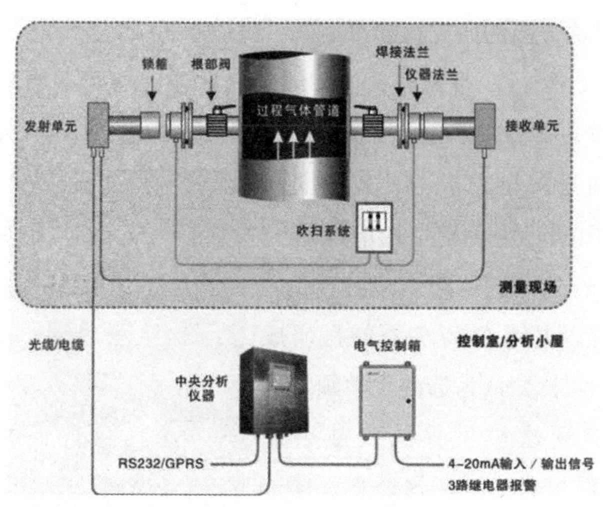

半导体激光光谱吸收技术

中国骄傲

生活中每一步都充满了选择。在麻省理工学院期间，朱清时看到不少同期来美的人，都从访问学者转为研究生，攻读博士学位。当时国内还没有博士制度，而朱清时由于是“文革”中毕业的，因而连学士学位也没有。正当他犹豫时，他的导师知道后对他说：“你还要读博士学位吗？为什么你还要回头再读呢，应该让世界习惯你们的制度，然后承认你们，而不是回头重新适应美国的制度。”导师的话使他备受鼓舞，也让他明白了一个道理：科研之路和科研水平，不是用学位可以衡量的，关键是在某一科研领域里，能否取得成果，并让社会承认你。

公派两年到期后，麻省理工学院又聘请朱清时作“博士后”研究员继续留校工作。随着不断有新的科研成果问世，论文发表的层次愈来愈高，朱清时再一次陷入了选择的思考之中。他想，在这里，我虽有新的科研成果，但均是在别人划定的框子里完成的。对于一名科学家，应该敢于突破人为划定的框框，发挥自己的特长，在科学上创造出一些自己努力追求的、有独到之处的新的成果出来，这样才有可能最大限度地体现出一位中国科研工作者的人生价值。于是，他决定回到国内把激光分离同位素这方面的研究搞起来。

回国后，经过一番努力，他和同事们一道，终于在原来用于分离同位素的激光实验室基础上，建起了激光光谱实验室。不久，他们又在《科学通报》杂志上，发表了国内第一批关于激光激发荧光光谱的研究论文。

李政道

朱清时以其系列高水平的科研成果，被国际同行公认为选键化学领域的权威。他曾两次被世界的权威杂志《光谱化学》提名为“汤姆逊奖”候选人，多次应邀到英国皇家学会、牛津大学等国际上著名的科研机构、学府讲学和研究合作。1991 年，45 岁的朱清时当选为中国科学院学部委员（现称院士），成为我国当时最年轻的学部委员之一。1994 年，他获得由杨振宁、李政道、丁肇中等世界著名物理学家担任评委的海外华人物理学会授予的“亚洲成就奖”。1995 年，又荣获国际“汤姆逊纪念奖”。